essentials

Weitere Bände in dieser Reihe
http://www.springer.com/series/13088

essentials liefern aktuelles Wissen in konzentrierter Form. Die Essenz dessen, worauf es als „State-of-the-Art" in der gegenwärtigen Fachdiskussion oder in der Praxis ankommt. essentials informieren schnell, unkompliziert und verständlich

- als Einführung in ein aktuelles Thema aus Ihrem Fachgebiet
- als Einstieg in ein für Sie noch unbekanntes Themenfeld
- als Einblick, um zum Thema mitreden zu können

Die Bücher in elektronischer und gedruckter Form bringen das Expertenwissen von Springer-Fachautoren kompakt zur Darstellung. Sie sindbesonders für die Nutzung als eBook auf Tablet-PCs, eBook-Readern und Smartphones geeignet. essentials: Wissensbausteine aus den Wirtschafts, Sozial-und Geisteswissenschaften, aus Technik und Naturwissenschaften sowie aus Medizin, Psychologie und Gesundheitsberufen. Von renommierten Autoren aller Springer-Verlagsmarken.

Jürgen Kriz

Systemtheorie für Coaches

Einführung und kritische Diskussion

 Springer

Prof. Dr. Jürgen Kriz
Universität Osnabrück
Osnabrück, Deutschland

ISSN 2197-6708   ISSN 2197-6716 (electronic)
essentials
ISBN 978-3-658-13280-4   ISBN 978-3-658-13281-1 (eBook)
DOI 10.1007/978-3-658-13281-1

Die Deutsche Nationalbibliothek verzeichnet diese Publikation in der Deutschen Nationalbibliografie;
detaillierte bibliografische Daten sind im Internet über http://dnb.d-nb.de abrufbar.

Springer

Gedruckt auf säurefreiem und chlorfrei gebleichtem Papier

Springer ist Teil von Springer Nature
Die eingetragene Gesellschaft ist Springer Fachmedien Wiesbaden GmbH

Inhaltsverzeichnis

Abbildungsverzeichnis

Tabellenverzeichnis

Einleitung

1

Es gibt wohl kaum eine neuere Publikation oder auch Internet-Selbstdarstellung von Coaching-Angeboten bzw. -Ausbildungen im deutschen Sprachraum, in der nicht das Wort „systemisch" vorkommt. Das ist zunächst verständlich: Denn auch wenn die ehemalige Fokussierung des Coachings auf Probleme Einzelner oder Teams *in der Arbeitswelt* inzwischen auf *private Inhalte* erweitert wurde (s. Greif et al. 2016), ist den Coaches bewusst, dass die zu bearbeitenden Probleme stets in soziale Interaktionen und Sinn-Prozesse eingebettet sind und nicht nur einem isolierten Einzelnen attribuiert werden können. Dies gilt auch dann, wenn es sich um Einzelcoaching handelt.

Typischerweise müssen in unserer heutigen Lebenswelt viele Menschen in unterschiedlichen Funktionen zusammenwirken, um komplexe privat-interpersonelle, innerbetriebliche bzw. organisationsinterne Prozesse zu regeln, die wiederum mit „äußeren" Dynamiken in einer immer komplexer organisierten Gesellschaft und einer stärker globalisierten Welt vernetzt sind. Coaching hat somit per se immer mit Interaktionsdynamiken zu tun, die zwischen vielen Teilbereichen und auf unterschiedlichen Betrachtungsebenen stattfinden.

Um solche Interaktionsdynamiken begrifflich-konzeptionell zu fassen, verwendet man das Wort „System". Es gibt viele, im Detail recht unterschiedliche Definitionen und Konzepte von „System". Weitgehend gemeinsam aber ist ihnen, dass es

(a) um das Zusammenwirken vieler „Elemente", „Teile" oder „Aspekte" in einem
(b) strukturierten Ganzen (eben dem „System") geht, das sich

© Springer Fachmedien Wiesbaden 2016
J. Kriz, *Systemtheorie für Coaches*, essentials,
DOI 10.1007/978-3-658-13281-1_1

1

(c) von einer „Umgebung" abgrenzen lässt,

(d) auf Einflüsse ganzheitlich reagiert und/oder mit anderen Systemen interagiert.

Insgesamt lassen sich dabei typischerweise Erscheinungen beobachten, die

(e) nicht auf einzelne Komponenten rückführbar sind, sondern bei denen sich vielmehr

(f) Veränderungen an einzelnen Stellen (Mikrobereich) netzwerkartig an vielen anderen Stellen auswirken und damit

(g) Ursache-Wirkungs-Zusammenhänge nur unter Berücksichtigung der Makro-Dynamik angemessen verstanden werden können.

1.1   Viel „systemisches Coaching" – wenig Theorie

Alle genannten Aspekte sind auch für die Arbeitsbereiche von Coaches typisch und relevant. Man sollte daher meinen, dass von den Systemtheorien, die seit Jahrzehnten in vielen Disziplinen und interdisziplinär entwickelt wurden, in hohem Maße Gebrauch gemacht wird. Dennoch – oder vielleicht gerade deswegen – werden besonders im Kontext des Coachings nicht nur mit dem Attribut „systemisch", sondern auch mit den Verweisen auf angeblich zugrunde liegende „Systemtheorie" oft nur laienhafte, esoterische und „selbstgestrickte" Sprachhülsen oder fragwürdige Metaphoriken verwendet. Besonders harte Kritiker, wie Pelz (2015) oder Lau (2013), sprechen von „undifferenzierter Theoriekollektion" oder „obskurer Management-Esoterik" und bemängeln: „Die meisten ‚systemischen' Berater, die vor ihren ‚Klienten' mit psychotherapeutischen, erkenntnis- und wissenschaftstheoretischen Konzepten hantieren, wissen nicht, wovon sie reden. Nicht einmal in Ansätzen" (Lau 2013, S. 18).

Auch wenn diese Kritik recht überzogen ist und sich selbst mit dem Vorwurf auseinandersetzen muss, polemisch und nicht sachgerecht vorzugehen (s. die Diskussion dazu z. B. im Internet auf den Seiten von S. Hofert 2014), trifft sie doch im Kern zu: Was in dem gegenwärtigen Schrifttum zum Coaching als „systemtheoretische" Referenz auftaucht, ist ganz überwiegend eine Ad-hoc-Mixtur aus unterschiedlichen Tools und Einsichten, die – egal, wie sehr diese im Einzelnen auf theoretisch begründete Konzepte verweisen – keine hinreichend schlüssige oder gar konsistente „Systemtheorie" im engeren Sinne abgeben können.

So setzt sich Schwertl (2015) kritisch mit der Frage „Was ist ein Systemiker?" auseinander und führt dazu aus: „Das Label erfreut sich im Bereich Coaching großer Popularität, mehr als fünfzig Prozent der Befragten bezeichnen sich als systemisch orientiert (Greif 2014). Dieser geschundene Begriff wurde für Marketing-Geblubber missbraucht, unendlich ausgehöhlt und oft zur Tarnung von zu geringem Wissen verwendet. Ganzheitsrhetorik (,Ich arbeite mit dem ganzen System'), Trivialitäten und esoterische Angebote ergänzen das Bild."

Gleichzeitig betont auch Schwertl, dass es durchaus durch viele seriöse Coaches eine gute Praxis gibt – auch wenn deren Bezug zu den Systemtheorien unklar bleibt. Entsprechend geht es in diesem *essential* nicht darum, die Praxis zu bewerten oder gar abzuwerten. Vielmehr geht es umgekehrt darum, Coaches, die sich „systemisch" oder „systemtheoretisch fundiert" nennen, mit Wissen und Anregungen darüber zu versehen, was unter diesem Begriff zu verstehen ist – und wie sie ihre Vorgehensweisen einerseits begründen und andererseits auf dieser Basis vielleicht erweitern und modifizieren können. Zur Professionalisierung des Coachings gehört u. a., dass Coaches ihr Handeln begründen und in Relation zu Theorien setzen können.

1.2 Narrativ-deskriptive System-Metaphoriken

Sehr verbreitet und beliebt im weiteren Bereich des Coachings (einschließlich Organisationberatung und -entwicklung, Konflikt- und Changemanagement) sind prototypische Bilder von systemtheoretisch betrachteten Phänomenen, die quasi als „Landkarten" zur Orientierung dienen sollen. Diese werden oft als „Systemtheorie" gehandelt.

Bereits vor rund einem halben Jahrhundert zeigten J. Forrester (1961) in „Urban Dynamics" sowie D. L. und D. H. Meadows et al. (1972) in Systemmodellierungen, dass durch Rückkopplungen von Prozessen sehr ungewöhnliche, für das Alltagsverständnis zunächst schwer vorhersagbare Entwicklungen entstehen können (Meadows wurde durch den Bericht „Grenzen des Wachstums" für den „Club of Rome" einem breiteren Publikum bekannt). Einige Jahrzehnte später griffen mehrere Forscher an Bostons berühmtem MIT einige dieser Prinzipien in populärer und vereinfachter Darstellung auf, um daraus Bestseller zu schreiben. „The Fifth Discipline" von P. Senge (1990) oder die „System Thinking Tools" von D. H. Kim (1994) zeigen die „Architektur" und die Wirkung einfacher (positiver und negativer) Rückkopplungsschleifen („feedback-loops") auf Entwicklungen und versuchen eine Anzahl von Grundmustern solcher Loops für die Diagnose von Problemen zu vermitteln.

Solche Darstellungen erläutern zwar systemtheoretische Aspekte und machen die Grenzen linearer Ursache-Wirkungs-Modelle deutlich. Sie liefern aber im Kern vorgefertigtes und standardisiertes kognitives Handwerkszeug (vgl. die Kritik in Kriz 2003) – eine systemtheoretische Fundierung fehlt. Dies gilt auch für die noch aktuellere „Theorie U" von O. Scharmer (2008), der am MIT eng mit Senge zusammen arbeitet: Dieses Buch enthält viele interessante Anekdoten und Interviewerfahrungen sowie bedenkenswerten Sichtweisen. Doch ist ein explizit formulierter systemtheoretischer Gehalt kaum auszumachen. In einer Analyse von vier zentralen „blinden Flecken" der Theorie U kritisierte Kühl (2015, S. 200): „Die esoterische Wortwahl der Theorie U verdeckt, dass sich dahinter letztlich nichts anderes als eine sprachlich verkomplizierte Steuerungsphantasie versteckt."

Viele dieser narrativ vorgetragenen Konzepte gehen durchaus auf fundierte systemtheoretische Publikationen zurück, die bereits in den 1940er bis 1960er-Jahren in unterschiedlichen Zusammenhängen erschienen und sehr verdienstvoll von F. E. Emery gesammelt sowie bereits 1969 unter dem Titel *„Systems thinking: selected readings"* herausgegeben wurden (1981 sogar zu zwei Bänden mit 45 Arbeiten erweitert – Emery 1981). Der Einfluss dieser Arbeiten auf das Coaching und seine Diskurse begrenzt sich aber weitgehend auf eine bestimmte „Haltung" und ein metaphorisches „Verständnis" von manchen systemtheoretischen Prinzipien. Dies kann für die Praxis durchaus hilfreich sein – und wird in manchen Büchern sogar explizit als zentral für systemisches Arbeiten hingestellt (z. B. Königswieser und Hillebrand 2005, S. 20). Allerdings kann eine „systemische Haltung" als Basis eben auch Missverständnisse und Fehlinterpretationen zentraler systemtheoretischer Prinzipien enthalten.

Das vorliegende *essential* hat daher zwei (sich überlappende) Anliegen: Zum einen wird eine kurze Übersicht über zentrale Konzepte und Begrifflichkeiten, die oft im Kontext „systemischen Coachings" auftauchen, gegeben. Zum zweiten soll, ebenso kurz, ein hinreichend systemtheoretisch begründetes und konsistentes Verständnis bezüglich der Entstehung, Stabilität und Veränderung von Problemstrukturen vermittelt werden. Besonders diesem zweiten Schwerpunkt liegt implizit eine Konzeption zugrunde, die als „Personzentrierte Systemtheorie" in ihrer Anwendung auf unterschiedliche Gegenstandsbereiche in mehreren Dutzend Publikationen vorgestellt wurde (u. a. Kriz 1999, 2010, 2013, 2014a, b, 2015a, b). Dieser Ansatz erlaubt es, zentrale Aspekte und Fragen, die auch im Bereich des Coachings auftreten, auf systemtheoretische Weise zu rekonstruieren und zu verstehen. Es ist aber nicht das Anliegen dieses *essentials*, die „Personzentrierte Systemtheorie" explizit und in ihren Facetten ausführlich darzustellen.

Praxeologische Systemkonzepte aus der Familientherapie

2

Die Heterogenität sowohl im Verständnis des Wortes „systemisch" als auch in der Bezugnahme auf zugrunde liegende „Systemtheorien" hängt nicht zuletzt mit diversen Diskurs- und Arbeitstraditionen zusammen, in denen Systemtheorien eine Rolle spielten: Wie bereits erwähnt, hat schon 1967 Emery (1981) eine Sammlung von wichtigen Beiträgen zur Systemtheorie aus unterschiedlichen Disziplinen veröffentlicht. Emery war ein zentrales Mitglied des sog. „Tavistock-Instituts", das bereits in den 1950er-Jahren das Konzept „sozio-technische Systeme" – als Mensch-Maschine-Interaktionen – dem rein maschinellen Fokus in der Industrie entgegensetzte. Ebenso regten die Feldtheorie von Lewin (1947) sowie Arbeiten der sog. „Michigan-Gruppe" die Diskussion über systemische Perspektiven und Ansätze (etwa über Führungsstile) in der Arbeit mit Gruppen und Organisationen noch in der ersten Hälfte des 20. Jahrhunderts an.

Die quantitativ stärkste Strömung systemischer Betrachtungs- und Vorgehensweisen entstammt aber der Tradition der Familientherapie, wie sie vor rund 60 Jahren in den USA entstand. Es handelte sich hierbei zunächst nicht um eine theoretische Neuorientierung, sondern um eine Praxeologie, die – unabhängig von den jeweiligen Grundorientierungen der Therapeuten – eine Erweiterung des Settings vornahmen: Statt nur mit einzelnen Patienten bzw. Klienten psychotherapeutisch zu arbeiten, wurden nun auch die Familienmitglieder mit einbezogen. Erst nachdem diese Praxis mit vielen Vorgehensweisen und beachtlichen Erfolgen rasch erblüht war, wurden auch theoretische Erklärungen „nachgefüttert" – so beispielsweise in den 1960er-Jahren durch die auf G. Bateson zurückgehenden Werke zur menschlichen Kommunikation und ihren Störungen (Watzlawick et al.

© Springer Fachmedien Wiesbaden 2016
J. Kriz, *Systemtheorie für Coaches*, essentials,
DOI 10.1007/978-3-658-13281-1_2

1969). Von den dort diskutierten wichtigen „Pragmatischen Axiomen" der Kommunikation – mit der Unterscheidung in Inhalts- und Beziehungsaspekt einer Äußerung sowie zwischen digitaler und analoger Kommunikation – wird hier in Abschn. 6.1 nur das Konzept der „Interpunktion" ausführlicher erläutert: Darunter versteht man, dass Menschen die endlose Abfolge von Verhalten nicht nur in Teile zerlegen, sondern diese nach „Ursache" und „Wirkung" in bestimmter Weise strukturieren. Geschieht dies von den Beteiligten auf unterschiedliche Weise, so ist dies eine Quelle von Missverständnissen und Konflikten.

Entsprechend der großen Bedeutung sozialer Beziehungen im Coaching sind Kommunikationsstörungen natürlich ein zentraler Gegenstand der Arbeit. Populäre und doch gute, umfassende Darstellungen (Schulz von Thun 2014) vermitteln auf dieser Basis viel praktisches Wissen, das auch im Coaching genutzt wird. Die „Personale Systemtheorie" (König und Volmer 2005) setzt ebenfalls bei Batesons Konzepten an und entwickelt diese zu einer handlungstheoretischen Perspektive im Coaching (und in der Erwachsenenbildung).

Insgesamt stellt die systemische Familientherapie für Coaches eher praxeologisch fundiertes Handwerkszeug zur Verfügung. Ab den 1970er-Jahren verbreiteten sich diese Ansätze auch in Europa, insbesondere über die Teams in Mailand um Mara Selvini Palazzoli und in Heidelberg um Helm Stierlin. Gleichzeitig fand einerseits eine weitere Differenzierung der Vorgehensweisen sowie andererseits eine konzeptuelle Konzentration statt, nach der grob zwischen vier Richtungen unterschieden werden kann (vgl. Kriz 2014a). Im Folgenden sollen neben der groben Kennzeichnung dieser Richtungen vor allem jene Aspekte und Prinzipien hervorgehoben werden, die in die heutige Familientherapie eingegangen sind und daher auch im systemischen Coaching beachtenswert sind.

2.1   Die vier klassischen familientherapeutischen Ansätze

(a) **Psychoanalytisch:** Klassische Konzepte aus der Psychoanalyse werden hier auf die Arbeit in Familien erweitert. Aus der „Dynamischen Familientherapie" von Stierlin (1982) sind folgende Aspekte besonders auch für Coaching bedeutsam:

- **Allparteilichkeit:** Bemühen und Fähigkeit, sich aktiv in die Position eines jeden Familienmitgliedes einzufühlen.

- **Aktivität:** Notwendigkeit für häufiges Eingreifen des Coaches, da sonst leicht destruktiv festgefahrene Interaktionsmuster, Abwehrstrategien oder andere leidvolle Strukturen des Systems wiederholt und damit ggf. verstärkt werden.
- **Betonung des Positiven:** Statt dysfunktionaler Aspekte sollen die Funktionalität der Symptome und deren Beitrag für alle Beteiligten in den Vordergrund gestellt werden.
- **Mobilisierung der Ressourcen des Systems:** Bereits in diesen klassischen Ansätzen wird mit der „Betonung des Positiven" gleichzeitig hervorgehoben, dass Interventionen möglichst die vorhandenen Ressourcen wie Einsatzbereitschaft und -freudigkeit, Opferbereitschaft usw. entdecken und fördern sollten – was zu tief greifenden Veränderungen in kurzer Zeit führen kann.

(b) **Strukturell:** Im Zentrum steht die Arbeit an problematischen Strukturgrenzen zwischen Sub-Systemen. Es geht in Bezug auf die Familie darum, z. B. Eltern und Kinder klar zu trennen und keine generationsübergreifenden Koalitionen (z. B. Mutter und Sohn gegen Vater) zuzulassen. Wichtig ist auch die Beachtung der Innen- und Außengrenzen der Familie, die klar und durchlässig sein sollten – also weder diffus noch rigid. Analoge Problemstrukturen lassen sich auch in den Arbeitsbereichen aufzeigen, die Gegenstand des Coachings werden: Koalitionen zwischen Mitgliedern unterschiedlicher Teams, Kompetenzüberschreitungen, unklare oder zu rigide Abgrenzungen wären hier wichtige Aspekte.

(c) **Entwicklungsorientiert:** Beachtet werden besonders typische Kommunikationsmuster, welche dem Selbstwert jedes System-Mitglieds dienen. Dieser Aspekt des Selbstwertes und die Dynamik seiner Bedrohung bzw. seines Schutzes sind durchaus auch im Coaching beachtens- und bearbeitenswert, weil dies keineswegs nur in Familien, sondern auch in Teams von Bedeutung ist. Satir (1975) beschrieb vier „universelle Reaktionsmuster" bzw. Kommunikationsformen, die Menschen verwenden, um einer Minderung ihres Selbstwertes vorzubeugen: *Beschwichtigen, Anklagen, Rationalisieren* und *Ablenken*. Diese Muster dysfunktionaler Kommunikation dienen dazu, den Selbstwert gegen (reale oder vermeintliche) Bedrohung zu schützen. Die Muster betreffen vor allem die Beziehung der Personen untereinander. Sie gehen über den reinen Inhalt der gesagten Worte hinaus und umfassen u. a. auch Mimik und Gestik, wobei z. B. Wortinhalt und nonverbale Kommunikation oft durchaus Unterschiedliches ausdrücken. Solche „doppeldeutigen Botschaften" treten beispielsweise dann auf, wenn eine Person befürchtet, Gefühle anderer zu verletzen und dadurch den Abbruch der Beziehung hervorzurufen.

Konkret wird dabei z. B. mit Skulpturen gearbeitet: Die Beteiligten drücken ihre real wahrgenommenen Beziehungen oder auch ihre Wunschvorstellungen in bildhaften Posen (oder „Aufstellungen") zueinander aus. Hier werden oft Beziehungsaspekte sichtbar und damit diskutierbar, die mit beschreibend-abstrakter Sprache (noch) nicht gut zugänglich und ausdrückbar sind. In einer seriösen Arbeit mit solchen Methoden werden allerdings keine „Wahrheiten" von einem erleuchteten „Guru" erkannt, sondern die ausgedrückten Muster dienen dem offenen Gespräch: Was ist dran, was nicht? Was wird mir dabei deutlich? Worauf macht es mich aufmerksam? Etc.

(d) **Strategisch:** Dieser Ansatz wird in Europa besonders dem sog. „Mailänder Team" um Selvini Palazzoli zugeschrieben (Selvini Palazzoli et al. 1977). Von den dort entwickelten Vorgehensweisen ist für das Coaching das „zirkuläre Fragen" bedeutsam: Jeder Beteiligte eines Systems (z. B. Teams) wird über sein Erleben und seine Vermutungen bezüglich der Beziehung zwischen zwei oder mehr anderen (in Anwesenheit aller!) befragt. So könnte man ein Teammitglied A angesichts des offensichtlichen „Herumdrucksens" einer anderen Person B fragen: „Was glauben Sie, wie es C geht, wenn er B so wenig offen erlebt?" Dabei werden auch nicht anwesende Personen und hypothetische Situationen angesprochen. Z. B.: „Wer mischt sich mehr bei Konflikten in diesem Team ein, Herr X oder Frau Y?", oder: „Wenn einer wegen Rationalisierung das Team verlassen müsste – auf wen würde A wohl am ehesten verzichten? Und auf wen B?" Es geht dabei darum, zur Sprache zu bringen, wie jedes Teammitglied auf die typischen oder problematischen Verhaltensweisen reagiert, indem man fragt: „Wenn Person A Folgendes tut: (…) – wie reagiert dann B? Und wie reagiert C?"

Von den zentralen Konzepten des Mailänder Ansatzes ist weiterhin die „Neutralität" auch für das Coaching besonders wichtig. Damit ist gemeint, dass die Teammitglieder am Ende einer Sitzung nicht den Eindruck haben sollten, dass der Coach mit einem von ihnen ein Bündnis eingegangen sei.

Obwohl die genannten vier „familientherapeutischen" Orientierungen in Reinform heute nicht mehr praktiziert werden, bilden die darin entwickelten Arbeitsperspektiven und Techniken in integrativer, abgewandelter und erweiterter Form das „Handwerkszeug" moderner systemischer Familientherapie, auf das in hohem Maße dann auch im Rahmen von systemischem Coaching zugegriffen wird. Nicht zufällig ist der einzige deutsche Lehrstuhl „Führung und Dynamik von Familienunternehmen" mit Arist v. Schlippe besetzt, der sich zuvor einen Namen in der systemischen Familientherapie gemacht hat (u. a. Schlippe und Schweitzer 2013, 2014). Die Erweiterungen der klassischen Ansätze stehen vor allem unter dem Einfluss konstruktivistischer und postmoderner Ideen (Gergen 1999; Anderson und Goolishian 1988) sowie der sog. „narrativen Wende" (Epstein 1995; White 1997), was eine stärkere Zentrierung der Arbeit auf die vorhandenen Ressourcen des Systems in „lösungsorientierten" Ansätzen (de Shazer 1989; de Jong und Berg 1998) zur Folge hatte.

2.2 Narrative Ansätze der systemischen Arbeit

Schon vor rund 2000 Jahren haben griechische Philosophen um den Stoiker Epiktet (50–125) sinngemäß formuliert: „Nicht die Dinge selbst, sondern unsere Meinung von den Dingen beruhigen oder beunruhigen den Menschen" und damit betont, dass unsere Realität und insbesondere auch „Probleme" wesentlich durch unsere Beschreibungen und kognitiv-sprachlichen Konstruktionen (mit)bestimmt sind. Diese Erkenntnis steht auch im Zentrum systemischer Arbeit.

Sinndeutungen, verwoben zu Geschichten, entfalten aber nicht nur für die zu behandelnden Systeme die jeweilige Realität. Vielmehr sind auch die Berater und Coaches sehr schnell in die Geschichten und ihre Veränderungen mit eingewoben, statt diese nur – wie unter der o. a. „strukturellen" und „strategischen" Perspektive – quasi „von außen" zu beeinflussen. Der Beobachter (bzw. der intervenierende Coach) und das Beobachtete (bzw. das System, in das interveniert wird) sind dabei nicht mehr streng trennbar. Dieses Verständnis systemischer Arbeit leitete eine Entwicklung von distanzierten Interventionen hin zu gemeinsamen Konversationen ein. Ins Zentrum rückten zunehmend Gespräche *aller* Beteiligten über ebensolche Sinndeutungen in Form von Problemen, Lösungsmöglichkeiten, Erklärungen usw.

Für systemische Berater ist es dabei nicht so wichtig, eine *Kompetenz zur inhaltlichen Analyse* eines Problems oder eines Interaktionsmusters zu haben. Zentral ist vielmehr, eine *Kompetenz dafür zu haben, wie sie Prozesse der Veränderung moderieren können.* Im Zentrum der Arbeit stehen also Veränderungen, die von solchen Geschichten wegführen, welche eher einengen, kaum Handlungsalternativen ermöglichen und immer wieder „zum Selben" führen, und die stattdessen hinführen zu solchen Geschichten, die neue Perspektiven, Ideen, Sicht- und Handlungsmöglichkeiten eröffnen. Dies soll an drei Konzeptionen innerhalb des narrativen Ansatzes erläutert werden:

- *Problemdeterminierte Systeme.* Anderson und Goolishian (1988) betonen, dass Menschen oft zusammenkommen, um über ein bestimmtes Problem zu reden – und ohne dieses hätten sie keinen oder wenig Kontakt miteinander. Erst das Problem macht somit diese Menschen (besser: ihre spezifischen Kommunikationen und Verhaltensweisen in Bezug auf das Problem) zu Mitwirkenden an einem System – eben an einem „problemdeterminierten System". Nimmt man dies als Kern der Arbeit des Beraters, so geht es um die Konstruktion eines dialogischen Raumes, in dem die Mitglieder eines problemdeterminierten Systems sich damit beschäftigen, Bedeutungen und Verstehen hinsichtlich dessen zu entwickeln, was sie „Problem" nennen. Systemische Arbeit bietet, so gesehen, vor allem die Gelegenheit, gemeinsam eine neue Konversation, eine neue Sprache und neue Realitäten zu erkunden. Problem-Systeme existieren somit nur in der Sprache – und deshalb liegt das Ziel der Arbeit nicht darin, Lösungen für Probleme zu finden, sondern an einem Prozess teilzunehmen, in dessen Verlauf eine (Beschreibungs-) Sprache entwickelt wird, in der das Problem nicht mehr existiert.

Aus dieser Perspektive wird systemisches Arbeiten als Kunst des Dialogs gesehen: Ein dialogisches Gespräch soll in Gang kommen und aufrechterhalten werden, indem ständig neue Bedeutungen entstehen, die auf die Auflösung eines Problems hinwirken. Auch das Coaching ist ein sprachliches System: Es organisiert sich um das Sprechen über bestimmte Fragen, die das System in seiner Problematik erhalten. Ist das Problem gelöst, so löst sich auch dieses (spezielle) Coaching-System wieder auf.

- *Lösungsorientiertes Vorgehen.* Von Steve de Shazer (1989) entwickelt, zentriert die Arbeit stark auf die vorhandenen Ressourcen des Systems. Statt auf Probleme und ihre Geschichte, interaktionelle Verstrickungen und Bedeutung zu fokussieren, werden situative Ausnahmen in den Blickpunkt gerückt – jene Umstände, unter denen die Probleme einmal *nicht* auftreten. Dadurch wird die Aufmerksamkeit auf Lösungswege gerichtet, die offenbar bereits vorhanden sind, aber bisher zu wenig beachtet wurden.

  Typisch ist hier auch die Vereinbarung von Zielen, die mit der Arbeit erreicht werden sollen. Dies lässt sich leicht mit der sog. *Wunderfrage* verbinden: „Wenn Sie morgen früh durch ein Wunder dieses (vorher definierte) Ziel erreicht hätten bzw. das Problem über Nacht verschwunden wäre, woran genau würden Sie dies merken? Was würden Sie als Erstes machen? Wie würden Ihre Arbeitskollegen, Ihr Chef (…) reagieren?" Solche Fragen schärfen die Wahrnehmung für die kleinen Veränderungen in Richtung auf das Ziel bzw. die möglicherweise schon erreichten Schritte – besonders in der Folgezeit.

- *Reflektierende Perspektiven.* Tom Andersen (1990) hat das Setting des Mailänder Teams (s.o.) so modifiziert, dass Berater und zu Beratende im selben Raum anwesend sind (und nicht ein Teil hinter dem Einwegspiegel). Statt großer paradoxer Interventionen wird von einem Teil der Beratergruppe („Reflecting Team") der Interview-Dialog unterbrochen: In Anwesenheit aller „reflektieren" sie über das bisher Gehörte und entwickeln dabei möglichst viele neue Deutungen, Lösungsentwürfe, Ideen, Perspektiven usw.

In Erweiterung dessen lassen sich Vorgehensweisen entwickeln, bei denen die Coaches – ggf. auch nur ein einzelner – eine reflektierende Perspektive einnehmen, etwa indem sie laut eine Art „Selbstgespräch" führen. Der Vorteil liegt darin, dass der Coachee nicht „antworten" oder „sich erklären" muss, sondern einfach nur zuhören soll. Es zeigt sich, dass neuen Ideen und Sichtweisen oft eine größere Offenheit entgegengebracht wird, wenn man sich und seine Sicht nicht „verteidigen" muss.

Grundkonzepte systemtheoretischer Ansätze 3

Die in Kap. 2 referierten Konzepte beziehen sich auf Vorgehensweisen, die durchaus „systemisch" zu nennen sind, da sie versuchen, Prozesse zu beeinflussen, bei denen die gecoachten Personen („Coachees") im Sinne einer „Hilfe zur Selbsthilfe" die für ihre komplexen Lebens- und Arbeitswelten sinnvollen und machbaren Lösungen finden können – im Gegensatz zur Expertenberatung, bei der es um konkrete Ratschläge oder Problemlösungen aufgrund externen Expertenwissens über die fraglichen Abläufe geht. Darüber hinaus liegen diesen Arbeitsweisen zumindest implizit auch theoretische Konzepte zugrunde, die man – von ihrem Betrachtungsfokus und Anwendungsgegenstand her – als „Systemtheorien" bezeichnen kann. Allerdings sind die theoretischen Aspekte kaum oder bestenfalls ansatzweise explizit ausformuliert. Inkonsistenzen fallen da nicht auf. Es handelt sich eher um erfahrungs- und praxisorientierte Darstellungen von Arbeitsweisen und „Tools", die assoziativ mit den Vorstellungen der jeweiligen Urheber und Autoren über die möglichen Wirkungsweisen verknüpft sind. Vielleicht aber macht dies gerade ihre erfolgreiche Verbreitung in der Praxis aus. Denn einerseits stellen sie Therapeuten, Beratern und Coaches ein zweifellos reiches Handwerkszeug zum „selbst ausprobieren" zur Verfügung, aus dem diese sich je nach Bedarf eklektisch bedienen können, ohne mit stringenten Theorien in Konflikt zu geraten. Andererseits bieten sie eine hinreichend unspezifische Projektionsfläche für die eigenen Alltagstheorien und die ihnen zugrunde liegenden Erfahrungen.

Gegen erfahrene und erfolgreiche Praktiker ist nichts einzuwenden. Wenn allerdings das Vorgehen gegenüber Kunden und der Konkurrenz im Sinne des Marketings als „systemtheoretisch fundiert" bezeichnet werden soll, muss man zumindest in der

© Springer Fachmedien Wiesbaden 2016
J. Kriz, *Systemtheorie für Coaches,* essentials,
DOI 10.1007/978-3-658-13281-1_3

Lage sein, näher zu erläutern, auf welche Systemtheorie man sich beruft und wie die Vorgehensweisen daraus begründbar sind.

In den folgenden Kapiteln geht es daher nicht um Ansätze, die als Sammlungen von Tools zu sehen sind. Sondern es geht, umgekehrt, um Theorien im Sinne von jeweils klar strukturierten und aufeinander bezogenen Konzepten, aus denen dann ggf. konkrete Vorgehensweisen abgeleitet werden können und müssen. Im Spektrum solcher Systemtheorien gibt es unterschiedliche Schwerpunktsetzungen, weshalb besser von „Theorie-Clustern" gesprochen werden sollte.

3.1 Zentrale Konzepte aktueller Diskurse zur Systemtheorie

Trotz unterschiedlicher Schwerpunktsetzung kann man die zentralen Konzepte der Systemtheorien (im engeren Sinne) zu folgenden vier (miteinander verbundenen) Prinzipien zusammenfassen (vgl. Kriz 2014c). Es macht Sinn, diese als eine Art Referenz voranzustellen, auch wenn sich deren genauere Bedeutung erst nach und nach in den Darstellungen und Erörterungen entfalten wird.

- Es geht um **Prozesse** (nicht um „Dinge") von miteinander dynamisch vernetzten „Teilen". „Teile" sind hier als Teile eines Feldes von miteinander verbundenen Wirkungen zu verstehen (also nichts Gegenständliches), z. B. Handlungen, Kommunikationen, Gedanken, Wahrnehmungen etc.

  Begriffe wie „Problem", „Störung", „Team", „Ziel", „Persönlichkeit" etc. beziehen sich also nicht auf etwas Statisches, sondern auf die – ggf. stabile – Struktur eines dynamischen Prozesses.
- **Rückkopplung/Feld:** Die Vernetzung der „Elemente" des Systems ist (wegen des Prozess-Fokus) gleichbedeutend mit Rückkopplung. Die Veränderung bei einem Teil (z. B. durch Intervention) pflanzt sich im System fort und wirkt sich letztlich auf alle anderen aus. Dies kennzeichnet den Begriff „Feld", das – als Gesamtheit der (betrachteten) Teile – ganzheitlich reagiert.

  Klassisch-mechanistische Interventionsprinzipien, die beim Ausbeulen einer Blechbüchse oder beim Reparieren einer Maschine erfolgreich sind, wären hier inadäquat: So lässt sich z. B. die Struktur eines Wasserfalls nicht durch „Ausbeulen" verändern und eine Kerzenflamme (im Gegensatz zum Stummel) nicht zu einem Osterhasen formen.

- **Mikro-/Makro-Ebene (bottom-up/top-down):** Die vernetzte und rück-gekoppelte Dynamik der „Teile" (Mikro-Ebene) bildet bottom-up „Ord-nungen" (Makro-Ebene) aus, welche dann top-down im weiteren Prozess wiederum Einfluss auf die Dynamik der „Teile" haben. Diese Ordnung ist selbstorganisiert – stellt also eine ganzheitliche Systemreaktion auf die Gesamtbedingungen dar – und nicht linear-kausal durch äußere Ordnungsstrukturen determiniert.

  Anschauliches Beispiel ist die Emergenz eines gemeinsamen Klatsch-rhythmus nach einem Konzert aus dem „Rauschen" vieler Einzelrhythmen; dies ist in der Regel selbstorganisiert, weil niemand auf die Bühne springt und allen anderen den Rhythmus vorgibt (was dann fremdorganisiert wäre).

- **System-Umwelt-Beziehung:** Die Betrachtung eines bestimmten Systems geht mit der Unterscheidung gegenüber dessen Systemumwelt einher, so-wie mit Vorstellungen über die Beziehung zwischen beiden. So ist z. B. die Ordnungsbildung zwar etwas dem System Inhärentes, aber es gibt mehrere (in der Regel eine sehr große Anzahl) solcher inhärenten Ordnungsmöglichkeiten. Daher ist die Realisierung bzw. „Aktualisierung" einer bestimmten Ordnung stets eine Adaptation (auch) an die Bedin-gungen der Umwelt aufgrund der Möglichkeiten des Systems.

Auch wenn diese Prinzipien in den verschiedenen Ansätzen recht unterschiedlich interpretiert und realisiert sowie teilweise um weitere zentrale Aspekte ergänzt werden, handelt es sich um wesentliche Kennzeichen – ohne dass diese in einem so kurzen Text jeweils explizit herausgearbeitet werden können.

3.2 Klassische systemtheoretische Ansätze aus natur-wissenschaftlichen Disziplinen

Ein deutlich anderer Strang systemischer Theorien als die praxeologisch fokussier-te Familientherapie sind die folgenden hoch elaborierten und theoretisch explizit ausformulierten Konzepte aus anderen Disziplinen als Psychologie, Therapie und Beratung. Sie sind vergleichsweise wenig direkt im Coaching aufgegriffen wor-den. Indirekt spielen sie aber im Kontext immer wieder auftauchender Metaphern zur Beschreibung und Erklärung der Vorgehensweisen im Coaching eine keines-wegs unbeträchtliche Rolle, weshalb sie kurz referiert werden sollen.

Bereits in den 1930er-Jahren formulierte L. v. Bertalanffy seine „General Systems Theory, GSM", die er in den folgenden Jahrzehnten ausbaute (v. Bertalanffy 1968). Ausgehend von einem Fließgleichgewicht (Modell: See mit einem Zu- und Abfluss) werden darin Strukturgleichheiten in der Organisation unterschiedlicher Systeme im Bereich der Physiologie, Biochemie oder Biologie bis hin zu sozialen Systemen in einer exakten Form – auch mathematisiert – beschrieben. GSM beeinflusste bis in die 1960er-Jahre sehr viele Wissenschaftler aus unterschiedlichen Disziplinen. Dabei wurden Begriffe und Konzepte eingeführt, die auch in den heutigen System-theorien zentral sind, wie „Selbstorganisation", „Komplexität", „Rückkopplung" oder „dynamische Stabilität" (s.u.). Kritik wurde aber zunehmend an der Orientierung an einem „Gleichgewicht" geübt – wurde doch ab den 1960er-Jahren der Ruf nach Theorien laut, die explizit auf Veränderung ausgerichtet sind.

1967 wurde die „Hyperzyklen"-Theorie von M. Eigen mit dem Nobelpreis aus-gezeichnet: Es geht um die Erklärung der Evolution des Lebens aus lebloser Materie mittels Selbstorganisation. Umfassender im Anspruch und in den Perspektiven auf die Phänomenbereiche war J. D. Millers (1978) System-Entwurf der „Living Systems", der 19 Komponenten bzw. Subsysteme (wie „Konverter", „Verteiler", „Unterstützer") auf sechs Systemebenen (von der Zelle über Organismus und Gruppe bis hin zur Gesellschaft) beschreibt. Die einsetzenden interdisziplinären Diskurse und Symposien der 1970er-Jahre – zu denen auch Menschen beitrugen, die wir heute als „Coaches" bezeichnen würden – nahmen darauf stark Bezug. Heute wäre dieser Ansatz nur noch von historischer Bedeutung, wenn nicht immer wieder die Metaphorik solcher (gegenständlicher) Systemebenen bemüht werden würde, um auch systemische Prozesse im Coaching zu beschreiben.

Das Gleiche gilt für die Anwendung der „Kybernetik" von N. Wiener (1968) auf nichttechnische Bereiche: Für technische Konstruktionen ist die regulative Stabilität („Homöostase"-Modell: Zentralheizung mit Thermostat, die über einen Messfühler und Regler mit Rückkopplung die Zimmertemperatur konstant hält) auch heute oft noch angemessen. Eine angemessene Übertragung auf z. B. biolo-gische, psychische oder soziale Systeme scheitert an der schlichten Frage: „Wer regelt den Regler?" – Ein Problem, das bei der Konzeption *selbstorganisierter* Systeme (s.u.) entfällt.

1977 erhielt ein weiterer systemtheoretischer Ansatz den Nobelpreis (in Che-mie): Es geht um die „dissipativen Strukturen" von I. Prigogine (1979) – das sind Muster, die unter bestimmten Bedingungen in chemischen Reaktionen selbst-organisiert entstehen und sich räumlich ausbreiten können. Im weiten Bereich von Beratung und Coaching wurde zunächst öfter darauf Bezug genommen – verleiht doch ein Nobelpreis dem Konzept hohe Dignität. Doch trotz der populäreren Aufbereitung seiner Erkenntnisse ist der Ansatz wohl doch zu elaboriert, als dass diese Systemtheorie in wirklich fundierter Weise solche Diskurse, die für das

Coaching relevant sind, dauerhaft beeinflusst hätte. Die zentralen Prinzipien sind zudem in einem anderen Ansatz – der Synergetik (s. u.) – fruchtbarer formuliert und aufbereitet.

3.3　Gestalttheoretisch-synergetische Systemtheorie

Die oben genannten zentralen Konzepte aktueller Systemtheorien waren auch vor schon fast hundert Jahren essenzielle Aspekte der Theoriebildung und Forschung im Rahmen der Gestaltpsychologie der Berliner Schule (Wertheimer, Koffka, Köhler, Lewin, Goldstein u. a.). Der zentrale Begriff – „Gestalt" – verweist auf die Ordnung von Elementen zu einem dynamischen Ganzen: So werden beim Hören einer Melodie die Töne wahrnehmungsmäßig so geordnet, dass diese Melodie auch einige Töne höher oder tiefer nachgesungen werden kann (Transponierbarkeit) – und gleichzeitig beeinflusst diese Melodie die Eigenschaften der einzelnen Töne (was z. B. der „Grundton" oder was der „Leitton" ist). „Gestalten" sind also dynamische Systeme, die sich bottom-up (Ensemble aus Einzeltönen → Melodie) und top-down (Melodie → gibt den Tönen bestimmte Charakteristika) selbst organisieren und sich von der Systemumwelt durch Ausgliederung im Sinne einer Figur-Grund-Relation abheben. Dass man heute allgemein eher von System als von Gestalt spricht, ist der *Interdisziplinarität* der Begriffe geschuldet.

　　Das Töne-Melodie-Beispiel macht deutlich: Um also überhaupt von „Ordnung" oder „Struktur" im Sinne der Systemtheorie reden zu können, betrachtet man mindestens zwei Ebenen – eine Mikro-Ebene, auf der sich die Phänomene ordnen, und eine Makro-Ebene dieser Ordnung selbst. Dabei wird gleichzeitig deutlich, dass „Ordnung", „Gestalt" oder „Struktur" eine enorme *Reduktion von Komplexität* bedeutet: Viele Töne reduzieren sich zu *einer* Melodie, das Rauschen vieler Klatschrhythmen im Beispiel oben wird zu *einem* gemeinsamen Rhythmus.

　　Mehr als ein halbes Jahrhundert nach dem Beginn der Gestaltpsychologie begannen in den Naturwissenschaften systemtheoretische Konzepte in den Mainstream vorzudringen: Neben den erwähnten Nobelpreisen, die für Arbeiten zur Selbstorganisation an M. Eigen, 1967, und I. Prigogine, 1978, gingen, gab es auch einen für die Entdeckung des Lasers, 1964, – eine extrem homogene Lichtquelle. Die Theorie zum Laser stammt von dem Physiker Hermann Haken, der sehr bald entdeckte, dass sein Ansatz nicht nur für den Laser oder für physikalische Phänomene relevant ist, sondern als allgemeine Theorie von Selbstorganisationsprozessen verstanden werden kann. Es entstand ein interdisziplinäres, weltweites Forschungsprogramm unter der Kunstbezeichnung „Synergetik" mit vielen tausend Publikationen – ab den 1990er-Jahren darunter auch im Bereich Psychologie, Soziologie, Pädagogik oder Wirtschaft. Im deutschen Sprachraum wird dieser

Ansatz – mit unterschiedlichen Schwerpunkten – besonders von Schiepek, Tschacher, Kriz und Brunner vorangetrieben (z. B. Kriz 1990, Tschacher et al. 1992). Haken selbst hat dabei die Verbindung zur klassischen Gestaltpsychologie vielfach hervorgehoben (z. B. Haken und Schiepek 2010).

In der Synergetik gibt es sehr genaue Modellvorstellungen darüber, wie die rückgekoppelten Prozesse eines Systems bottom-up Ordnungen ausbilden, welche dann top-down die weitere Dynamik bestimmen. Allerdings sind auch die Bedingungen aus der Systemumwelt hierfür relevant: Ändern sich diese, so versucht sich das System zunächst weiterhin zu stabilisieren, bis es dann – bei noch größerer Änderung – zu einer neuen adaptiven Ordnung findet. Diese – ebenfalls selbstorganisierte – Änderung heißt in der interdisziplinären Systemtheorie „Phasenübergang"; Schiepek (1999) hat den für die Humanwissenschaften assoziativ günstigeren Begriff „Ordnungs-Ordnungs-Übergang" eingeführt. Denn es geht ja um einen Übergang von einer Ordnung bestimmter Lebensprozesse, welche als „Symptome" oder „Probleme" auffällig sind, zu einer weniger symptomatischen bzw. problematischen Ordnung.

Solche Ordnungs-Ordnungs-Übergänge sind auch für den Arbeitsbereich von Coaches, Beratern, Therapeuten, Erziehern etc. ebenso zentral wie typisch: Das Leben konstelliert immer neue Entwicklungsaufgaben – für Einzelne, Teams, Organisationen, Paare, Familien –, in denen sich die Gesamtbedingungen der Umgebung verändern und das „System" sich dann mit Strukturveränderungen an diese neuen Gegebenheiten adaptieren muss. Das klappt im Alltag hinreichend gut – in Coaching, Beratung etc. kommen aber jene Menschen (bzw. Teams etc.), bei denen eine solche Adaptation einmal *nicht* klappt. Die Probleme, mit denen sie kommen, können somit als überstabile „Lösungen" von Gegebenheiten verstanden werden, die sich längst geändert haben. Das hat sehr oft mit den Sinndeutungen zu tun, welche den Gegebenheiten, den Kommunikationen anderer, den eigenen Ressourcen und bisherigen Erfahrungen etc. zugeschrieben werden.

Dies wurde übrigens ebenfalls bereits im Rahmen der klassischen Berliner Gestaltpsychologie konzipiert: So wird Lewins (1947) 3-Phasen-Modell – Auftauen („unfreezing"), Verändern („changing"/„moving"), Stabilisieren („refreezing") – sehr häufig im Rahmen von Veränderungsprozessen zitiert (wenn auch meist in einer sehr stark vulgarisierten und als Tools aufbereiteten Form). Besonders für die Arbeit mit und in Gruppen wird oft auf Lewin und seine Feldtheorie Bezug genommen, weil dort Konzepte und gruppendynamische Phänomene diskutiert werden (Antons und Stützle-Hebel 2015). Dieses 3-Phasen-Modell des Wandels ist als eine feldtheoretische Formulierung des Ordnungs-Ordnungs-Übergangs zu verstehen (vgl. Kriz 2015a). Die genannten Konzepte werden besonders in Kap. 6 nochmals aufgegriffen und dort näher diskutiert.

Autopoietische Systeme

4

Der Kunstbegriff „Autopoiese" (von griech. *autos* = selbst und *poiein* = machen) wurde zunächst Anfang der 1970er-Jahre von den Neurobiologen H. Maturana und F. Varela eingeführt, um die Prozesse dessen, was biologisch „Leben" genannt werden kann, auf der Ebene einer einzelnen Zelle zu erfassen und zu definieren. Rund ein Jahrzehnt später übernahm auch der Soziologe N. Luhmann diesen Begriff für seine Theorie sozialer Systeme, wobei er vor allem gesellschaftliche Makro-Prozesse im Fokus hatte. Beide Autopoiese-Konzepte sind nach ihrer Einführung auch für andere Fragen und Bereiche weiterentwickelt worden; sie unterscheiden sich aber, trotz gleichen Namens, nach wie vor erheblich.

4.1 Autopoiese (I) à la Maturana und Varela

Anliegen von Maturana und Varela (1987) ist es, die sich selbstorganisierende Funktion der lebenden Zelle zu beschreiben. Zentral sind daher besonders deren Abgrenzung gegenüber anderen Zellen (i. d. R. mittels einer Zellmembran) und die operativ-autonome Selbstproduktion der Bestandteile (Zellkern, Mitochondrien etc.) durch ebendiese Bestandteile. Eine lebende Zelle wird also als ein Netzwerk chemischer Prozesse verstanden, das durch ebendiese chemischen Reaktionen in rekursiv-rückgekoppelter Weise genau jene Teile und Prozesse erzeugt, die sich selbst erzeugen. Auf diese Weise verwirklicht sich die Zelle als materielle Einheit. In diesem Sinne werden autopoietische Systeme als „operational *geschlossene*"

© Springer Fachmedien Wiesbaden 2016
J. Kriz, *Systemtheorie für Coaches*, essentials,
DOI 10.1007/978-3-658-13281-1_4

Systeme angesehen. Organismen, die aus vielen Zellen bestehen, nennt Maturana autopoietische Systeme zweiter Ordnung.

Diese Selbstrückbezüglichkeit war – jenseits von Philosophie und Mathematik – vor vier Jahrzehnten recht revolutionär und hat viele erkenntnistheoretische Debatten angestoßen. Die Autopoiese-Konzeption wurde dann von Maturana zu einer umfassenden erkenntnistheoretischen Konzeption ausgebaut, mit der er den sog. „radikalen Konstruktivismus" neurobiologisch stützen wollte: Er betont dabei die operationale und funktionale Abgeschlossenheit des Nervensystems, das nicht zwischen internen und externen Auslösern differenzieren könne. Daher wären Wahrnehmung und Illusion, innerer und äußerer Reiz im Prinzip ununterscheidbar. Somit ist menschliche Erkenntnis, nach Maturana, ein neurobiologisches Phänomen und nicht durch die Objekte der Außenwelt, sondern durch die Struktur des Organismus determiniert.

Trotz ihrer operationalen Abgeschlossenheit sind autopoietische Systeme nicht unabhängig von der Umwelt, sondern gehen mit dieser eine *strukturelle Koppelung* ein – eine raumzeitliche Abstimmung der Zustandsveränderungen des Organismus. Wie diese genau vonstattengeht, bleibt aber unklar.

Da Maturana und Varela Neurobiologen sind, wird die Konzeption der Autopoiese in der Literatur bisweilen als neurobiologisch „fundierte" Theorie dargestellt. Dies muss aber zumindest relativiert werden, weil zwischen den (klassischen) neurobiologischen Arbeiten Maturanas und der Autopoiese-Konzeption keine Begründungszusammenhänge bestehen: Die Theorie ist weder direkt aus experimentellen Befunden Maturanas abgeleitet, noch kann sie als empirisch fundierte Theorie bezeichnet werden, wie Maturana auf Befragen selbst einräumen musste (vgl. Riegas und Vetter 1990, S. 36).

## 4.2	Autopoiese (II) à la Luhmann

Wenn man sich heute im Bereich Coaching, Beratung und Therapie auf „Autopoiese" bezieht, ist meist die Theorie „sozialer Systeme" des Soziologen N. Luhmann (1984) gemeint. Dieser hat zwar den Begriff „Autopoiese" explizit von Maturana und Varela übernommen – einschließlich des Postulats „operationaler Geschlossenheit" und Selbsterzeugung –, dem Ansatz insgesamt aber eine recht andere Deutungsrichtung gegeben.

Zunächst werden drei Systeme betrachtet, die von ihrer jeweiligen Umwelt dadurch unterschieden werden, dass bestimmte Operationen aneinander anschließen: „Gesellschaft" bzw. „soziales System" (Operationen: Kommunikationen) wird den beiden Systemen „Leben" bzw. „biologisches System" (Operation: organismische

Vorgänge) und „Bewusstsein" bzw. „psychisches System" (Operation: intrapsychische kognitive Vorgänge) gegenübergestellt. Alle drei Systeme sind nach Luhmann operational geschlossen – sie sind also füreinander jeweils nur Umwelt, ohne informationellen Input und Output. Die Interdependenzen, die natürlich auch Luhmann nicht leugnet, werden von ihm über das recht wenig spezifizierte Konzept der „Interpenetration" thematisiert.

Kommunikation, der Operator sozialer Systeme, wird als Einheit von Information, Mitteilen und Verstehen konzipiert. Durch gegenseitige Erwartungs-Erwartungen (dass ich also erwarte, was andere von mir erwarten) kann z. B. diese Einheit in bestimmter Weise stabilisiert werden. Dies ist ein Aspekt, der eine konkrete Vorgehensweise im Bereich des Coachings angeregt hat: Mit dem „Auftragskarussell" (v. Schlippe und Kriz 1996) kann man sich über die Erwartungen bezüglich der an einen gerichteten Erwartungen Klarheit verschaffen und so komplexe unübersichtliche Problemstrukturen ordnen.

In den Darstellungen und Diskursen zum Coaching wird zwar häufig Bezug auf „Autopoiese" genommen – aber oft nicht einmal differenziert, welche Variante man meint. Das ist nicht klärend – zumal sowohl Maturana und Varela einerseits als auch Luhmann andererseits sich mehr oder minder freundlich verkleidet jeweils eine inadäquate Begriffsverwendung, Konfusion und Ärgeres vorwerfen (z. B. Maturana 1990, S. 38; Luhmann 1988, S. 46).

Luhmanns Systemtheorie, die vor allem in Deutschland und Italien, aber kaum in den USA oder anderen Ländern rezipiert wird, wird von Kritikern unnötige Kompliziertheit vorgeworfen – etwa von Käsler (1984, S. 188): *„Hinter der Fassade ungeheurer Schwierigkeit und einem komplizierten Räderwerk artistischer Begrifflichkeit steckt lediglich eine Handvoll simpler Sätze ..."* (vgl. auch Esser 2000; Rauen 2015).

Problematischer als die Sprache der Darstellung ist aber die Fokussierung der „Autopoiese" auf operationaler Geschlossenheit und Selbstherstellung: Damit wird zwar die *Stabilität* eines Systems verstehbar, aber nicht dessen *Veränderung* – also etwas, was Coaches begründet fördern können sollten. Zudem werden die für Coaching wichtigen Einflüsse von unterschiedlichen Prozessebenen (Einzelne und ihre Handlungen, Teams, Abteilungen etc.) nur über sehr vage Konzepte wie „Interpenetration" (Luhmann) bzw. „strukturelle Koppelung" (Maturana & Varela) thematisierbar (s. die Kritik in Kriz 1999, S. 109–120).

Dass sich gleichwohl gerade im Bereich des Coachings viele Darstellungen auf „die" Autopoiese berufen – auch wenn oft offen bleibt, welche überhaupt gemeint ist und was *konkret* im Coaching daraus folgt –, begründet die zumindest kurze Charakterisierung in diesem *essential*.

Trivialisierung: Selbstorganisierte Strukturen in Systemen

5

Das „Trivialisierungs-Konzept" von Heinz von Foerster (1988) eignet sich gut, um die Bedeutsamkeit von Rückkopplungen – und damit: von aufeinander bezogenen „Operationen" – verständlich zu machen. Das Kernkonzept der Trivialisierung besteht aus zwei Argumentationsschritten – von denen in der Literatur oft nur auf den ersten Bezug genommen wird, obwohl der zweite für das Verständnis von Beratung oder Coaching wesentlich wichtiger ist.

1. Um zu zeigen, wie unrealistisch es ist, das Verhalten lebender Systeme (Einzelne oder gar Teams) im Sinne einfacher Reiz-Reaktions-Ketten verstehen zu wollen, bedient sich v. Foerster der Unterscheidung in „triviale Maschinen" und „nichttriviale Maschinen":

„Triviale Maschinen" (Abb. 5.1) verbinden durch ihre Art des Operierens gewisse „Ursachen" (bzw. „Input", „Reiz") weitgehend unveränderlich mit bestimmten „Wirkungen" (bzw. „Output", „Reaktion") – also das Grundschema des klassischen behavioralen Ansatzes. Nennt man den „Output" y und den „Input" x, so ist der Zusammenhang durch eine einfache Wirkungsfunktion gekennzeichnet.

Wirkungsfunktion: $y = f(x)$

Stellen wir uns vier „Reize" vor (A, B, C oder D) und vier „Reaktionen" (z. B. „freundlich", „interessiert", „abgewandt" oder „aggressiv"), dann kann man die Zuordnungen in einer Tabelle darstellen – beispielsweise Tab. 5.1.

Eine solche „Maschine" würde auf A also immer „freundlich" und auf C immer „aggressiv" reagieren. Natürlich sind bei vier Input- und vier Output-Möglichkeiten

© Springer Fachmedien Wiesbaden 2016

J. Kriz, *Systemtheorie für Coaches, essentials,*

DOI 10.1007/978-3-658-13281-1_5

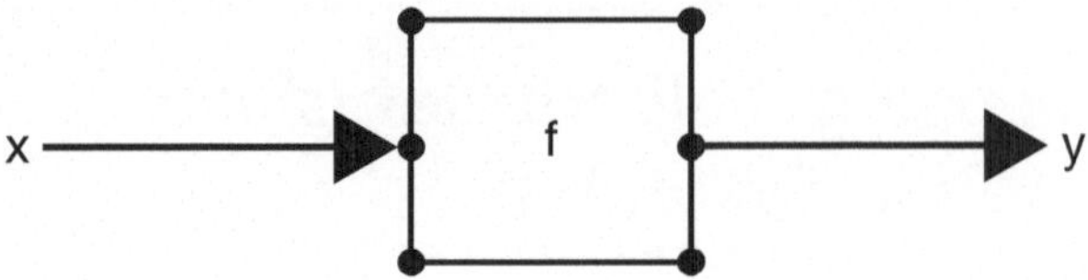

Abb. 5.1 Triviale Maschine nach H. v. Foerster

Tab. 5.1 Eine von 256 möglichen Maschinen mit vier Input- und vier Output-Zuordnungen

x	y
A	freundlich
B	interessiert
C	aggressiv
D	abgewandt

auch andere Zuordnungen denkbar. Lässt man Wiederholungen zu, gibt es insgesamt sogar $4^4 = 256$ mögliche Zuordnungen. Welche dieser 256 möglichen Maschinen man konkret vor sich hat, lässt sich allerdings durch Experimentieren rasch herausfinden – und dann ist das Verhalten ja klar vorhersagbar. Diese Maschine ist „trivial".

Interessanterweise wird die Situation *radikal* anders, wenn man nur ein Detail ändert: Man führt ein, dass X nicht nur ein Y bewirkt, sondern gleichzeitig eine Veränderung des Zustandes Z der Maschine herbeiführen kann. Zur Wirkungsfunktion kommt nun noch eine Zustandsfunktion – das ist etwas, was wir in der Alltagssprache „Lernen" nennen: Je nach bisherigen Erfahrungen ändert die Maschine ihre Reaktionen auf „denselben" Input. Dies lässt sich wie folgt ausdrücken – und die entsprechende „Maschine" ist in Abb. 5.2 dargestellt.

Wirkungsfunktion: $y = f(x,z)$
Zustandsfunktion: $z' = f(x,z)$

Wohlgemerkt: Es bleibt mit dieser Veränderung eine *Maschine* – eine extrem einfache sogar, unsagbar viel einfacher als selbst das einfachste Lebewesen. Und doch ergeben sich selbst aus dieser Veränderung beachtliche Konsequenzen:

Die Wertetabelle einer der vielen möglichen Maschinen (bei vier Ein-/Ausgabe-Symbolen und drei Zuständen) ist in Tab. 5.2 dargestellt.

Nimmt man A als Input, so reagiert die Maschine „freundlich" – wie oben. Und auf B folgt „interessiert". Nimmt man nun aber C, so reagiert sie nicht „aggressiv" wie oben, sondern wieder „interessiert" (denn sie hat ja inzwischen in den Zustand II gewechselt). Gibt man nun ein B ein, um sich zu vergewissern, so reagiert sie

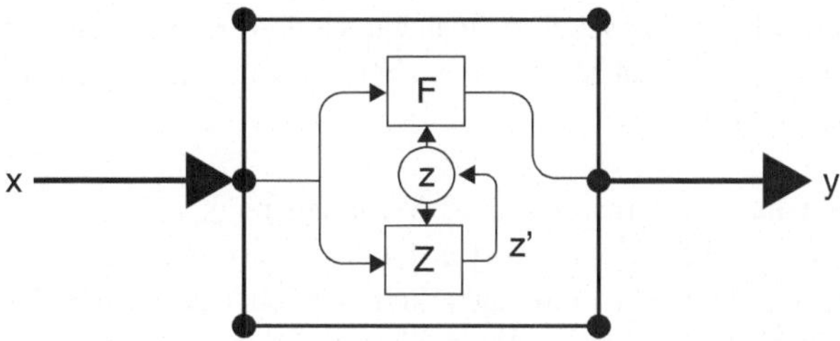

Abb. 5.2 Nichttriviale Maschine

Tab. 5.2 Eine von 10^{2466} möglichen Maschinen mit vier Input- und vier Output-Zuordnungen

im Zustand I			im Zustand II			im Zustand III		
x	**y**	**z**	**x**	**y**	**z**	**x**	**y**	**z**
A	freundlich	I	A	aggressiv	I	A	freundlich	II
B	interessiert	II	B	abgewandt	III	B	aggressiv	I
C	aggressiv	III	C	interessiert	II	C	abgewandt	III
D	abgewandt	II	D	freundlich	III	D	interessiert	I

aber nicht „interessiert" – wie eben –, sondern „abgewandt". Nochmals ein B (vielleicht hat man sich ja geirrt): Nun reagiert sie gar „aggressiv".

Es lohnt sich, einmal eine Sequenz an Inputs durchzuspielen – z. B. A, B, C, D, A, B, C, D, … – und man wird sehen, dass sich die Maschine recht „verrückt" verhält. V. Foerster hat gezeigt, dass schon für nur je vier Eingabe- und Ausgabe-„Kategorien" diese Maschine „transcomputational" wird, d. h. sich der praktischen Berechenbarkeit entzieht: Während es für die triviale Maschine oben 256 Möglichkeiten der Zuordnung (und damit verschiedener Maschinen) gab, sind nun 10^{2466} Zuordnungen möglich (schon die Anzahl möglicher Zustände ist recht groß). Selbst die schnellsten Rechner hätten in der gesamten bisherigen Lebensdauer unseres Universums (rund 5×10^{23} Mikrosec.) nur einen verschwindend kleinen Bruchteil der Aufgabe bewältigt, die „richtige" Maschine herauszufinden, um dann die folgenden Input–output-Sequenzen sicher zu wissen.

Daraus folgt zunächst(!), dass es schon bei viel einfacheren „Systemen" als Menschen oder gar Gruppen und Teams *praktisch* unmöglich ist, aus bestimmten „Input-Größen" die „Output-Größen" – d. h. irgendein Verhalten – vorherzusagen.

Diese Unvorhersagbarkeit von Reiz-Reaktions-Automaten (wenn man „Lernen" zulässt) hat man als „Beweis" dafür gedeutet, dass menschliches Verhalten grundsätzlich völlig vorhersagbar sei. D. h., man hat nur den ersten Schritt der Argumente v. Foersters genommen. Viel bedeutsamer aber ist der zweite Argumentationsschritt (der oft ignoriert wird):

2. Auch wenn man also menschliches Verhalten nicht auf der Basis einfacher Reiz-Reaktions-Abläufe voraussagen kann (sofern man „Lernen" zugesteht), widerspricht „völlige Unvoraussagbarkeit" jeglicher Erfahrung. Denn wäre tatsächlich das Verhalten unserer Mitmenschen *gänzlich* unvorhersehbar, würden wir im kognitiven und interaktionellen Chaos zugrunde gehen.

Also muss es Prinzipien geben, welche eine gewisse Voraussagbarkeit möglich machen. In der Terminologie v. Foersters wird die nichttriviale „Maschine" *trivialisiert*. Dabei unterscheidet er zwei wesentliche Prinzipien der Trivialisierung:

a) *„Fremdtrivialisierung":* Aufgabe der Sozialisation – aber auch von Organisationen etc. – ist es, den Zusammenhang zwischen Input und Output zu gewährleisten. Falls der kleine Fritz in der Schule auf die Frage „Was ist drei mal sieben?" zum ersten Mal vielleicht unerwartet und hochkreativ mit „Grün!" antwortet, so ist es eben Aufgabe des Lehrers, Fritz beizubringen, dass er möglichst bald auf diese Frage zuverlässig, vorhersagbar und ohne Alternativen mit „Einundzwanzig" zu antworten hat. (Leider interessiert sich Schule tatsächlich kaum für den kreativen Denkprozess, der zu „Grün" führte, sondern fokussiert auf die einzig „richtige" Antwort: „21".)
   Über solche Trivialisierungen „von außen" wird Vorhersagbarkeit im kommunikativen Miteinander etabliert. Hierfür sind zahlreiche gesellschaftliche Institutionen im Guten wie im Schlechten verantwortlich: im Guten, indem unlebbare, chaotische Komplexität so reduziert wird, dass ein selbst-verständliches Alltagsleben Freiraum für anderes schafft; im Schlechten, indem solche Reduktionsvorgänge unnötig übertrieben oder sinnentleert werden und damit die Kreativität gelebten Lebens ersticken können. So oder so aber ist Fremdtrivialisierung quasi der Standardfall: Ordnung wird dadurch erzeugt, dass ganz bestimmte Input–output-Verbindungen von außen gezielt und intendiert sanktioniert werden.

b) *„Eigen-Trivialisierung":* Viel interessanter für unsere Fragen ist die *Eigen-Trivialisierung*. Diese entsteht dadurch, dass der Output nicht nur auf den Input folgt, sondern beide Teil von umfassenderen Prozessen mit Rückkopplungen sind. Dies ist eigentlich für reale Situationen typisch: Beispielsweise betrifft eine Äußerung, die jemand in einem Team macht, ja nicht nur ein einzelnes Mitglied, sondern mehr oder weniger auch die anderen. Und deren Reaktionen wirken dann auf den Äußernden zurück.

Nun lässt sich in der Systemtheorie grundsätzlich zeigen (Kriz 1999, s. auch Abschn. 6.4), dass rückgekoppelte Prozesse typischerweise[1] dazu tendieren, Ordnungen auszubilden, Komplexität zu reduzieren und sich gegenüber Einflüssen zu stabilisieren. So hat bereits in den 1930er-Jahren Bartlett Ordnungsprozessen bei der „seriellen Reproduktion von Geschichten" untersucht: Hierzu präsentierte er seinen Studenten Märchen von unbekannten Kulturen. Ein Student wurde aufgefordert, eine Geschichte aus einer Indianer-Kultur zu lesen, sie beiseitezulegen und sie in Gegenwart eines zweiten Studenten zu reproduzieren. Der zweite Student sollte nun in Anwesenheit eines dritten Studenten abermals diese ihm erzählte Geschichte reproduzieren usw. Bartlett (1932) ging so der Frage nach, wie sich einerseits komplexe Geschichten in der seriellen Reproduktion verändern würden, und ob sich andererseits der Inhalt bei der Reproduktion irgendwann hinreichend stabilisieren würde.

Es zeigte sich, dass zwar viele Details vergessen, andere aber behalten und dann übertrieben dargestellt werden. Die Studenten tendierten dazu, entsprechend ihren Erwartungen einige Passagen kompakter, kohärenter und konsistenter zu reproduzieren. Die Untersuchungsteilnehmer versuchten aktiv eine Bedeutung in für sie unklarem Material herzustellen – die Geschichte wurde dabei passend zu den eigenen Erwartungen (de)formiert.

Solche Experimente und Befunde sind inzwischen in zahlreichen Varianten wiederholt worden. Man kennt dies auch von Zeugenaussagen und dem eigenen Gedächtnis: Wird eine Beschreibung oft wiederholt (was ja immer wieder „erinnern" und „neu abspeichern" bedeutet), so wird sie immer einfacher, stimmiger, reduzierter, widerspruchsfreier – und man wird immer überzeugter, dass dies die „wahre" Erinnerung ist. Kurz: „Erinnern" ist in der Regel ein dynamischer Prozess der sinnhaften Reduzierung und Anpassung von (zu) komplexer Information bei gleichzeitiger Tendenz, stimmige Ordnungen hinzuzuerfinden. Dies findet genauso statt, wenn sich ein Team „erinnert", indem sich immer wieder „Geschehenes" erzählt und ins Gedächtnis gerufen wird. In den so erzeugten Geschichten stimmen viele Details dann nicht mehr mit dem Ursprünglichen überein, vieles wird weggelassen, anderes erfunden (meist

---

[1] Es gibt – ganz allgemein betrachtet – auch Prozesse, die chaotisch sind bzw. werden. Diese haben zunächst in Mathematik und Naturwissenschaft mit der sog. „Chaostheorie" sogar die Entwicklung der Systemtheorie ab ca. 1970 vorangetrieben (Kriz 1992, 1999). Im Bereich der Prozesse des Lebens ist es aber häufig – im Bereich kognitiv-kommunikativer Prozesse sogar eigentlich immer – der Fall, dass die entsprechenden Bedingungen zu den oben geschilderten Reduktionen und Stabilisierungen und nicht zu chaotischen Dynamiken führen.

ohne dass dies bewusst und gezielt geschieht). Und je stimmiger dabei die Geschichte wird, desto mehr erhält sie subjektiv den Charakter von tatsächlichen Faktenberichten.

Diese stabile Sichtweise (= „Attraktor") ist dann nicht von außen vorgegeben, sondern ist offenbar eine im Prozess selbstorganisierte Ordnung.

Systemtheorie der Entstehung, Stabilität und Veränderung von Problemstrukturen

6

6.1 Selbst reguliertes Missgeschick – oder: Missgeschick bei der Selbstregulation

Die folgende Geschichte soll beispielhaft ins Zentrum des systemischen Verständnisses von Problemstrukturen führen:

Beispiel

Zwei Personen, A und B, mieten sich ein kleines Segelboot. Sie sind nicht sehr erfahren und daher unsicher; aber der See ist nicht groß und das Wetter gut – es scheint somit unproblematisch zu sein. Nach einiger Zeit aber sieht man, wie beide recht verkrampft, verzweifelt und hilflos „in den Seilen hängen" (vgl. Abb. 6.1). Was ist geschehen?

Nach anfänglich ruhiger Fahrt geriet das Boot ein wenig ins Schaukeln. Wegen Unsicherheit und Unerfahrenheit – dass dies üblich ist und keinerlei Gefahr bedeutet – kam A auf die Idee, die Schieflage auszugleichen, als sich das Boot einmal (nach seiner Meinung) zu sehr nach B neigte. Er lehnte sich also etwas über Bord. Dadurch aber senkte sich das Boot nun bei der nächsten Schaukelbewegung mehr zur A-Seite, als B lieb war. Also lehnte auch B sich über Bord. Was nun B noch mehr ausgleichen musste. Diese „Ausgleichsmaßnahmen" des jeweils anderen gingen so lange weiter, bis ein weiteres Hinauslehnen gar nicht mehr möglich war, weil beide bereits nur noch „in den Seilen" hingen.

Natürlich war nicht nur anderen Beobachtern, sondern auch ihnen selbst diese absurde Lage bewusst, in die sie geraten waren – aber nun gab es für sie scheinbar

© Springer Fachmedien Wiesbaden 2016
J. Kriz, *Systemtheorie für Coaches*, essentials,
DOI 10.1007/978-3-658-13281-1_6

kein „zurück" mehr. Denn dafür hätte es nun viel an Vertrauen und Zuversicht bedurft – deren Mangel sie ja gerade in die missliche Lage geführt hatte.

Trotz stark vereinfachender und recht idealtypisierter Darstellung lassen sich einige zentrale Aspekte an dieser Geschichte zeigen:

Auch sehr deutlich ausgeprägte, sowohl für äußere Beobachter als auch für die Beteiligten klar erkennbare, leidvolle und problematische Verhaltens- bzw. Interaktionsformen können ggf. aus zunächst nur kleinen Abweichungen entstanden sein. Diese wären „eigentlich" unproblematisch und in diesem frühen Stadium wäre die Dynamik auch noch leicht rückgängig zu machen (etwa wenn, im Beispiel, beide frühzeitig erkannt hätten, dass eine Fortsetzung der „Ausgleichs"-Handlungen nichts verbessern, sondern nur alles weiter verschlimmern würde). Allerdings gibt es vielerlei Gründe dafür, warum oft nicht frühzeitig erkannt wird, wohin die Entwicklung führt: Äußere (das Boot ist wirklich unsicher, Wetter und See werden unruhiger etc.), persönliche (Ängstlichkeit, frühe Erfahrungen etc.), interaktive („eigentlich" wusste B schon immer, dass man A nicht trauen kann etc.) Umstände sind hier als weiterer Hintergrund durchaus nicht irrelevant.

Ein wichtiger Aspekt ist allerdings, dass man lange Zeit meint, nur auf den anderen oder die Umstände zu *reagieren* – während der eigene *aktive* Anteil an dieser Dynamik nicht gesehen oder bagatellisiert wird. Ist das Interaktionsmuster im weiteren Verlauf dann aber so massiv ausgeprägt, dass dieses und auch die „Merkwürdigkeit" des eigenen Verhaltens nicht mehr übersehen werden können, lässt sich das eben nicht mehr so leicht korrigieren: Die Beteiligten hängen dann bereits, wie im Boot-Beispiel, nur noch „in den Seilen"; eine völlig ungewollte, unerwartete und ungewohnte Situation ist entstanden. Diese bindet die sonst in hohem Maße zur Verfügung stehenden Ressourcen und schwächt damit die Kompetenzen zur eigenständigen Veränderung.

Abb. 6.1 Zwei Personen im Boot

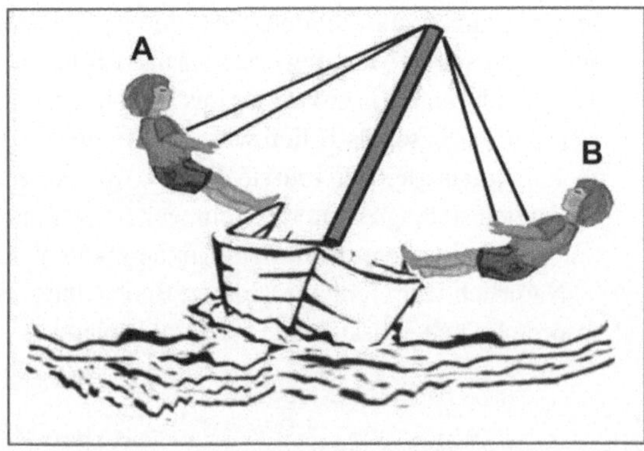

Diese einseitige Sichtweise, sich bei negativen Entwicklungen primär als „nur Reagierender" zu verstehen, ist sehr typisch und wird als „Interpunktion" von Abläufen bezeichnet (Watzlawick et al. 1969). In der systemischen Literatur finden sich unzählige Beispiele, die im Wesentlichen wie folgt beschrieben werden können:

In der bereits als deutliches Muster ausgeprägten Interaktion zwischen zwei Kollegen A. und B. eines Teams zeigen sich massive Auseinandersetzungen. A. schottet sich gegenüber B. ab (was wir als Handlung A bezeichnen wollen); B. mischt sich bei A. oft und übergriffig ein (was wir als Handlung B bezeichnen wollen). Als Außenstehender kann man eigentlich nur die Abfolge an Handlungen … A→B→A→B→A … beobachten (erste Zeile in Tab. 6.1). Aus systemischer Sicht ist aber klar, dass (neben ggf. anderen Einflüssen!) sowohl A. als auch B. zur Aufrechterhaltung dieses für beide leidvollen Musters beitragen: A. und B. sind tatsächlich „Partner" – nämlich Teil (= Part) eines gemeinsamen Interaktionssystems (vgl. Abb. 6.2). Doch die eigenen „Erklärungen" von A. und B. sind, wie in Zeile 2 bzw. Zeile 3 skizziert, sehr einseitig und gegensätzlich. Dabei sind diese „Erklärungen" üblicherweise nicht nur willentlich „herbeigesucht", um den anderen zu beschuldigen, sondern sie werden in der Regel von den Beteiligten auch so „erlebt".

Dies verweist darauf, welch massiven Einfluss die vorherrschenden klassischen Ursache-Wirkungs-Prinzipien in unserem „Weltverständnis" haben: Irgendwer oder -was wird als unmittelbarer Verursacher erlebt, worauf man ebenso unmittelbar reagieren muss. Hingegen sind zirkuläre Entwicklungsdynamiken in den Erklärungsprinzipien der Alltagswelt selten, wenn überhaupt, zu finden.

Allerdings sind in Tab. 6.1 auch nur die „Opfer"-Perspektiven narrativiert. Zu ergänzen wäre dies um Narrationen, in denen der „Täter"-Anteil von A und B im Fokus steht (genauer in Kriz 1999). Der Vorteil ist, dass Aspekte der Täterschaft leichter veränderbar sind, als wenn man sich nur als Opfer sieht. Systemisches Arbeiten würde somit darauf hinwirken, dass nicht nur die Zirkularität statt der kausalen Interpunktion deutlich wird, sondern auch die „Täter"-Anteile Thema werden.

Tab. 6.1 Interpunktion: A. und B. interpretieren die Abfolge unterschiedlich „kausal" so, dass sie sich selbst als Opfer dem Täter ausgeliefert sehen (dicker Pfeil) und ihren eigenen Anteil ignorieren (dünner Pfeil)

A = Kollege A. schottet sich gegenüber B. ab (er fühlt sich von B. kontrolliert bzw. bevormundet) B = Kollege B. mischt sich bei A. oft und übergriffig ein (er fühlt sich von A. ausgeschlossen)	
… → A → B → A → B → A → B → …	Beobachter sieht **Abfolge**
… → (A ⇒ B) → (A ⇒ B) → (A ⇒ B) → …	B. sieht A. als „Täter" und meint: „**weil A.** mich raushält, mische ich mich ein"
… A → (B ⇒ A) → (B ⇒ A) → (B ⇒ A)→…	A. sieht B. als „Täter" und meint: „**weil B.** sich ständig einmischt, schotte ich mich ab

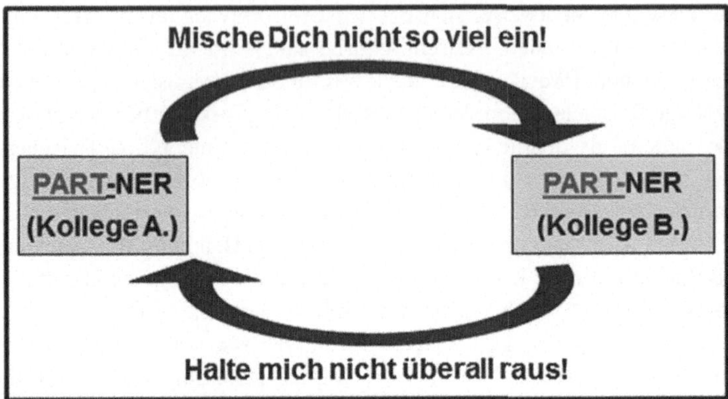

Abb. 6.2 Interpunktion (**a**) und Zirkularität (**b**)

Hier werden (wie auch im Boot-Beispiel) einige Grundprinzipien des systemtheoretischen Verständnisses von Problemstrukturen deutlich, die als Zwischenresümee zusammengefasst werden sollen:

1. Menschliche Verhaltensweisen stehen immer in einem Interpretations-Kontext, der für die Beteiligten dem Verhalten (und dem gesamten Geschehen) einen Sinn unterlegt und Verhalten so zu Handlungen mit bestimmten Motiven macht.
2. Dieser Sinn (und damit das Verständnis der Gesamtsituation) kann bei den einzelnen Beteiligten recht unterschiedlich bis gegensätzlich sein (vgl. die Interpunktionen).
3. Erklärungen und Beschreibungen der einzelnen Beteiligten spiegeln somit nur sehr bedingt eine „objektive" oder Beobachter-neutrale Wirklichkeit wider; vielmehr handelt es sich um ein bestimmtes Verständnis, das aber für die persönliche Realität essenziell ist und handlungsleitend wird („gefährliche Schwankung", „Gleichgewichtsausgleich" beim Boot oder „abschotten" bzw. „kontrollieren" bei A und B sind Beschreibungen von Vorgängen, die zwar andere Menschen ggf. ganz anders sehen und beschreiben würden, die aber für das Erleben der Beteiligten und für die daraus folgenden Handlungen essenziell sind).
4. Auch sehr ausgeprägte und leidvolle Muster im Verhalten können sich aus sehr kleinen Anfangstendenzen durch sich gegenseitig verstärkende Interpretationen und „Reaktionen" im weiteren Prozess entwickeln. Ein solches Muster, auf das sich der Prozess zubewegt, wird in der systemischen Fachsprache als *Attraktor* bezeichnet.

> 5. Ist aber ein solches Muster in einem Prozess erst einmal sehr deutlich manifestiert, so lässt es sich nicht mehr so leicht ändern. Typischerweise weist es eine Überstabilität auf, was u. a. damit zu tun hat, dass die Wahrnehmung der Ressourcen für neue Lösungen durch eine zu enge Fixierung auf das problematische Geschehen eingeschränkt ist.

Besonders Punkt 4 betont, dass die Beteiligten oft quasi in den Attraktor der Dynamik hineingezogen werden, der sich aus zunächst schwachen Tendenzen entwickelt. Dies ist besonders wichtig, weil damit eine Absage an die Vorstellung eines einseitigen „Verursachers" oder gar „Schuldigen" erteilt wird (was zwar in manchen Fällen *möglich*, aber keineswegs *typisch* ist). Weder im Boot-Beispiel noch im Kollegen-A-B-Beispiel ließe sich sagen, wer „angefangen" hat oder gar „schuld" ist. Wenn ein Berater oder Coach jemandem bei solchen Problemen einseitig eine Schuld zuschreiben wollte, wäre dies nicht nur kontraproduktiv für eine hilfreiche Zusammenarbeit, sondern es würde auch theoretisch zu kurz greifen. Statt herausfinden zu wollen, wer an dem unguten Muster „eigentlich Schuld" hat, ist es viel sinnvoller und wichtiger, die Veränderung dieses Musters zu ermöglichen.

Dazu müssen wir nun das Entstehen und die Stabilisierung solcher Muster noch etwas genauer betrachten.

6.2 Wie sich Muster bilden und stabilisieren

Die diskutierten Beispiele sind zwar stark vereinfacht und wirken daher möglicherweise gekünstelt, sie sind aber typisch: Die interdisziplinäre Systemforschung hat nämlich gezeigt, dass Prozesse grundsätzlich[1] zu Mustern, Regeln oder dynamischen Ordnungen (als drei Synonyme in diesem Kontext) führen, sofern man nicht einzelne Teile eines Systems künstlich so isoliert, dass Rückkopplungen zwischen ihnen keine Rolle spielen. Man kann den Unterschied zwischen dem klassischen und dem systemischen Ansatz sogar daran festmachen, dass in der systemischen Sichtweise die Berücksichtigung von Rückkopplungen nicht ausgeblendet wird. Dies soll wieder an einem Beispiel erläutert werden:

„Kommunikation" wird bisweilen so dargestellt (Abb. 6.3a), dass ein „Sender" (I) eine „Nachricht" äußert, auf die dann ein „Empfänger" reagiert (O). Eine solche

---

[1] Jedenfalls dann, wenn bestimmte Randbedingungen für attrahierende Dynamiken vorliegen – was aber für lebende Systeme auf vielen Prozessebenen, bis hin zu den hier bisher diskutierten Interaktionsdynamiken, geradezu typisch ist (vgl. Kriz 2004): Evolution kann u. a. als Programm verstanden werden, Ordnung sowie die Fähigkeit zu Ordnungsbildung und Ordnungserkennung zu etablieren.

Beschreibung trifft aber bestenfalls dann hinreichend zu, wenn „Sender" und „Empfänger" isoliert voneinander leb(t)en. Der „Empfänger" liefert einen Output „O" nur als isolierte Reaktion auf einen Input „I" des „Senders". Betrachtet wird also eine reine I-O-Beziehung (Abb. 6.3b).

Für die Kommunikation z. B. zwischen zwei Arbeitskollegen (oder allgemein: in einem Team, einer Familie etc.) sind ganz andere Aspekte wesentlich, wie an folgender Vignette deutlich wird:

Stellen wir uns zwei konkurrierende Arbeitskollegen A. und B. vor, von denen einer (A.) vom Gespräch mit dem Chef zurückkommt. B. könnte als „Input" die Frage stellen: „Na, wie war's denn?", weil er nicht in das Gehirn von A sehen kann. Doch die Antwort von A. ist sicher nicht einfach ein isolierter „Output" auf diese Frage. Vielmehr spiegelt sich darin auch wider, dass A. aus der Vergangenheit weiß, dass bestimmte Antworten dazu führen, dass B. diese Information für sich nutzt oder dass ein Streit entsteht. Also wird A. manches besser nicht oder nicht so erzählen, wie es vielleicht spontan in seinen Kopf kommt (oder wie er einem Freund davon erzählen würde). B. aber weiß ebenfalls aus der Vergangenheit, dass A. manches verschweigen will. Also wird B. bereits seine Frage (I) klugerweise etwas anders stellen, um doch noch etwas herauszubekommen. Das kennt nun aber A. auch schon; also wird er …

Diese Schleifen ließen sich noch lange weiter so ausspinnen. Was daran deutlich wird, ist, dass sowohl in (I) als auch in (O) in Wirklichkeit viele Zyklen aus bisherigen Interaktionen repräsentiert sind. Im Gegensatz zu Abb. 6.3a, b sind somit in Abb. 6.3c sowohl die „I" als auch die „O" wesentlich durch die Rückkopplung in der bisherigen Geschichte beeinflusst. In deren Verlauf haben sich Regeln aus Erwartungen und Interpretationen etabliert, welche als *Attraktoren* (im obigen

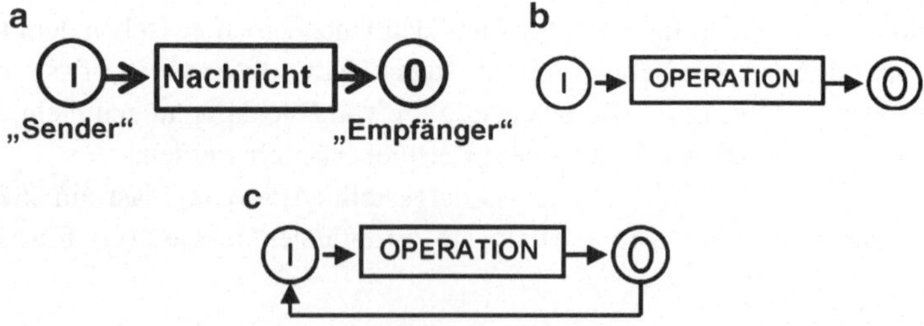

Abb. 6.3 **a)** Sender–Nachricht–Empfänger **b)** Reine I-O-Beziehung **c)** I-O-Beziehung als Teil eines Netzwerkes und daher mit Rückkopplung

Sinne) die aktuelle Dynamik in hohem Maße mitbestimmen. Diese Regeln machen zugleich genau das aus, was mit Beziehung zwischen Menschen überhaupt gemeint ist, d. h. das, woran man zwei Kollegen eines Teams von zwei zufällig in einem Raum versammelten Personen, die sich nicht kennen, unterscheiden kann.

Das, was man ein „Team", ein „Paar", eine „Familie", eine „Organisation" usw. nennt, beruht im Wesentlichen auf solchen Mustern, welche die Art regeln, wie sich diese Menschen aufeinander beziehen. Dabei müssen die Rückkopplungen keineswegs so direkt zwischen „O" und „I" ablaufen wie in Abb. 6.3c oder den diskutierten Beispielen, sondern sie können ggf. zeitverzögert und/oder über viele weitere „Teile" vermittelt sein, wie es für die miteinander verbundenen und interagierenden Teile eines Netzwerks (beispielsweise auch für ein Team) typisch ist. So wird A beispielsweise in seine Antworten auch seine Erfahrungen darüber mit einbeziehen, was die Arbeitskollegen sonst noch über B erzählen und wie dieser darauf reagiert; und B wird ebenfalls seine Bilder davon mit einfließen lassen, was er glaubt, dass der Chef von ihnen erwartet und was sich ggf. die anderen Teammitglieder dabei denken.

Interaktionsmuster sind somit als Attraktoren in einem dynamischen Prozess entstanden – und zwar selbstorganisiert, denn es spielen zwar viele Aspekte und Einflüsse eine Rolle, aber das Muster wurde von keinem genau so vorgeschrieben oder erzwungen.

6.3   Das Zusammenspiel von kognitiv-narrativen und interaktionellen Mustern

Die gewählten Beispiele zeigen auch, wie stark interaktive und kognitive Dynamiken zusammenhängen – letztere besonders in Form von sinndeutenden, beschreibend-erzählenden (sog. „narrativen") Strukturen. Im Boot-Beispiel wurde die von Beobachtern feststellbare Dynamik, die sich zum Muster „über Bord hängen" entwickelte, durch die Narration getrieben: „Ich muss die Schräglage ausgleichen, sonst wird's gefährlich." Die Dynamik der beiden Arbeitskollegen im zweiten Beispiel wird durch jene Narrationen vorangetrieben, die in Form der beiden Interpunktionen skizziert wurden („Wenn ich mich nicht bei A. einmische, erfahre ich noch weniger" und „Wenn ich mich nicht von B. abschotte, mischt er sich noch mehr ein"). Die Beschreibungen und Sinndeutungen, welche die Dynamik zu einem bestimmten Interaktions-Muster vorantreiben, sind somit selbst Attraktoren auf der kognitiv-narrativen Ebene.

Greifen wir nun diese Ebene kognitiv-narrativer Prozesse getrennt heraus, so lassen sich die dort entstehenden Ordnungen genau so verstehen, wie es in Abb. 6.3c schematisiert wurde – nur dass die Operationen quasi „intern" verlaufen. Dies wurde an vielen anderen Stellen detailliert ausgeführt (u. a. Kriz 1999, 2008, 2013) und dort mit dem Begriff „Sinn-Attraktoren" gekennzeichnet. In der notwendigen Kürze dieses Textes lässt sich das Prinzip vielleicht am eindrucksvollsten an einem nun schon älteren Experiment demonstrieren (vgl. Abb. 6.4):

Ein komplexes Punktemuster (erstes Muster links oben in Abb. 6.4) wird einer Person gezeigt, die es sich merken und dann reproduzieren soll (zweites Bild von links in der ersten Zeile). Dieses Bild wird nun einer weiteren Person gezeigt, die es sich ebenfalls merken und reproduzieren soll (drittes Bild) usw. Zahlreiche Experimente belegen, dass sich bei einer solchen seriellen Reproduktion die Bilder (und andere komplexe Informationen) so lange verändern, bis das Ergebnis so einfach und prägnant ist, dass es perfekt reproduziert werden kann. Das nämlich ist genau die Funktion von Ordnung bzw. Muster: Es ist so reduziert, dass man sich das leicht merken und/oder an andere weitergeben kann.

Es sei angemerkt, dass natürlich keineswegs immer aus dem Muster links oben das „Quadrat" rechts unten folgen muss, sondern auch andere prägnante Formen als Attraktoren möglich sind – beispielsweise eine Raute, ein Kreuz usw. Wichtig aber ist, dass aus ungeordneter, komplexer, nicht gut überschau- und merkbarer Information ein Attraktor entsteht, der geordneter, einfacher, besser überschau-

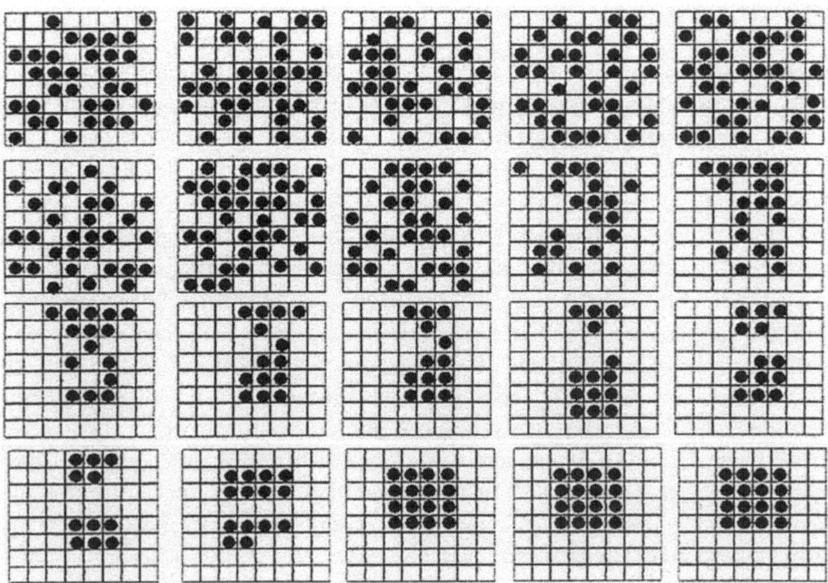

Abb. 6.4 Entstehen eines prägnanten Musters in der seriellen Reproduktion (nach Stadler und Kruse 1990)

und damit auch merkbarer ist als die komplexe Anfangsinformation. Das geschieht genau so, wenn ein einzelner Mensch sich immer wieder komplexe Information vergegenwärtigt – wie man beispielsweise aus Zeugenaussagen und zahlreichen Experimenten der Gestaltpsychologen weiß: Das erinnerte Geschehen wird zunehmend einfacher und prägnanter – und man wird sich zudem immer sicherer, dass dies die „richtige" Beschreibung ist (zahlreiche Untersuchungen dazu in Kriz 2011b - vgl. auch das Bartlett-Experiment in Kap. 5).

Abb. 6.4 macht auch besonders anschaulich, worauf es bei den Sinn-Attraktoren ankommt: In den Wahrnehmungs- und Denkprozessen entwickeln sich Muster bzw. Ordnungen, welche die Komplexität einer Situation sinnhaft reduzieren und diese reduzierte Ordnung gleichzeitig stabilisieren. Die Komplexität, Unbestimmtheit und Mehrdeutigkeit von zahlreichen Situationen erfordert es nämlich, dass bei der Konstituierung unserer Lebenswelt die Fülle der Außen- und Innenreize geordnet, vereinfacht und auf diese Weise „stimmig" gemacht wird.

Doch diese Sinn-Attraktoren haben mit ihrer Reduktion von Komplexität nicht nur den positiven Effekt, dass sie Sinn schaffen, schnellere Übersicht und Orientierung ermöglichen und damit Stabilität erzeugen, welche wiederum Freiraum für anderes geben könnte. Sie haben leider auch den negativen Effekt, dass damit die Vielfalt an Aspekten so reduziert und verfestigt werden kann, dass eine Adaptation an neue Bedingungen erschwert und das vorhandene Veränderungs- und Lösungspotenzial reduziert wird.

So wird etwa in dem o.a. Beispiel der beiden Arbeitskollegen die *potenziell vorhandene* Variabilität in ihren Handlungen und Reaktionen immer auf die Sinn-Attraktoren „Er schottet sich schon wieder ab" bzw. „Er mischt sich schon wieder ein" reduziert. Das oft radikal verminderte Potenzial, die Vielfalt überhaupt noch wahrzunehmen und nicht immer gleich nur durch „die Brille" von Erwartungen und Kategorien zu deuten, finden besonders Paartherapeuten (wegen der meist intensiveren Beziehungen eines Paares im Vergleich zu Teammitgliedern) oft in „Reinkultur" vor, beispielsweise in folgender typischer Sequenz:

Therapeut zu A.: „Haben Sie überhaupt gehört, was Ihr Partner (B.) gerade eben gesagt hat?"
Antwort von A.: „Nein, nicht so genau, ich war grad in Gedanken – aber wie B. geschaut hat und anfing, wusste ich sowieso schon, was kommen würde!"

Dies gilt, etwas abgemildert, auch für andere Beziehungen – und z. B. auch in Teams. Wenn aber A und B jeweils das Verhalten des anderen nur stark reduziert durch die Kategorien ihrer (eigenen!) Sinn-Attraktoren wahrnehmen, werden sie sich diese Reduktion ebenso in ihren Verhaltensmustern gegenseitig bestätigen.

Auch hierfür gibt es einen geradezu typischen Satz aus Paartherapien, nämlich: „Wozu soll ich mich noch ändern – mein Partner würde das sowieso nicht bemerken." Reduziertes Potenzial in der Wahrnehmung und im Verständnis des anderen (und der Situation) fördert somit reduziertes Verhalten – und dieses dient wiederum als Bestätigung der Erwartungen. Hier wird das Zusammenspiel von kognitiv-narrativen und interaktionellen Mustern und deren Stabilität gegenüber Veränderung in der Gesamtdynamik deutlich.

Bei allen menschlichen Handlungen spielen Musterbildungsprozesse sowohl auf der interaktionellen wie auch auf der kognitiv-narrativen Ebene zusammen, da es kein länger währendes (menschliches) Verhalten ohne Bedeutungszuweisungen gibt und keine Sinnstrukturen, die nicht auch Handlungen beeinflussen. Ohne hier auf Details eingehen zu können – z. B. die Konzeption von „Bedeutungsfeldern" (Kriz 2006) oder die Bildung gemeinsamer Sinn-Attraktoren als „Synlogisation" (Kriz 2011a) – ist zudem wohl einsichtig, dass diese kognitiv-narrativen Strukturen natürlich nicht bei Personen wie A und B oder auch in Teams isoliert entstehen, sondern diese wiederum in größere kognitiv-narrative Systeme eingebettet sind, die ebenfalls ihre Attraktoren ausgebildet haben. Von Bedeutung sind daher auch kulturelle und subkulturelle Sinn-Attraktoren (z. B. in Form von Metaphern, Erklärungsprinzipien, Leit- und Leid-Ideen). Auch die geschriebenen und ungeschriebenen Regeln eines Unternehmens stellen solche Sinn-Attraktoren dar.

6.4   Attraktoren und Sinn-Attraktoren

Wegen der großen Bedeutung des Konzeptes des „Attraktors" ist es sinnvoll, einen etwas präziseren Blick darauf zu werfen. Es wurde bereits betont, dass Attraktoren (und auch „Sinn-Attraktoren") Komplexität reduzieren. Diese Eigenschaft wird vielleicht an folgendem – zunächst rechnerischen – Beispiel deutlich (weil Zahlen zunächst inhaltsleer sind, kann der eigentliche Effekt noch klarer hervortreten, als wenn wir gleich mit inhaltlichen Beispielen arbeiten):

Die Abb. 6.3c oben lieferte schon einen guten Eindruck, wie eine Rückkopplung funktioniert. Füllen wir das Kästchen in der Mitte zwischen Input „I" und Output „O" einmal mit (zunächst mathematischem) Inhalt, z. B. wie in Abb. 6.5 dargestellt.

Dies besagt, dass auf eine Input-Zahl „I" folgende Operation ausgeübt wird: Zunächst wird 0.05*I berechnet (Punktrechnung vor Strichrechnung!), und dieses Ergebnis von 2.2 abgezogen. Vorn in dem Kästchen steht noch ein „*", d. h., dieses Ergebnis wird nun mit „I" multipliziert, was „O" ergibt.

Beginnt man mit der Zahl 10, so hätten wir zunächst 0.05*10 = 0.5. Dies von 2.2 abgezogen ergibt 1.7. Und dies mit I = 10 multipliziert ergibt 17. Das erste Ergebnis „O" wäre somit 17.

Abb. 6.5 Spezifische
Operation für Abb. 6.3c

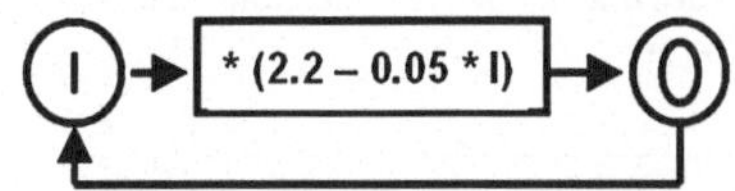

Nun läuft aber ein Pfeil von „O" zu „I", d. h., wir haben hier einen Prozess, bei dem im nächsten Schritt das „O" (hier 17) zum neuen „I" wird. Übt man daraufhin dieselbe Operation aus, so ergibt sich (2.2 – 0.05*17) * 17 = 22,95. Nach einigen weiteren Schritten läuft dieser Prozess auf die Zahl 24 hinaus, wie man in der linken Spalte von Tab. 6.2 sehen kann. Der Prozess läuft somit auf eine einzige Zahl, 24, zu und bleibt dort stabil, d. h., wenn 24 der Input ist, kommt auch 24 wieder als Output heraus.

Das Wesentliche ist nun, dass diese Dynamik auch dann auf den Attraktor 24 zuläuft, wenn *nicht* mit der Zahl 10, sondern einer anderen Zahl begonnen wird – wie die anderen Spalten in Tab. 6.2 exemplarisch zeigen.[2] Der Attraktor 24 ist hier also nicht von der Ausgangszahl abhängig, sondern er ergibt sich aus den Operationen selbst. Die komplexe Vielfalt möglicher Zahlen wird bei dieser Operation also auf eine einzige Zahl reduziert (man spricht in diesem Fall von einem Punktattraktor).

Bildet man die Spalten grafisch ab, wobei man auf der X-Achse die Schritte 1 bis 15 einträgt, so ergibt sich Abb. 6.6.

Hier sieht man vielleicht noch deutlicher, wie eine attrahierende Dynamik die Vielfalt möglicher Ausgangswerte reduziert und das Ergebnis stabilisiert. In der Tat kann man sich vorstellen, dass Vielfalt von Situationen mit ihren jeweils vielfältigen möglichen Bedeutungen auf ähnliche Weise reduziert wird.

Man kann dies aber auch als Modell dafür verstehen, wie sich eine sehr reduzierte Sicht und Beschreibung „der Welt" ergeben kann – etwa, wenn ein Team z. B. dem Coach berichtet, sie hätten in der Firma dauernd Konflikte mit C (einem Controlling-Team), weil dies „Schikanierer" seien. Denn was mit „Schikanierer" beschrieben wird, hat sich ggf. aus zahlreichen Rückkopplungsschleifen in den Interaktionen mit C ergeben, wobei die Bedeutung immer reduzierter und stabiler wurde – ein Prozess, der in der Literatur als „Verkrustung" bezeichnet wird. Abb. 6.7 zeigt dies in schematischer Übereinstimmung mit Abb. 6.6.

Solche festschreibenden Reduktionen wie „C sind Schikanierer" reduzieren Handlungsoptionen und machen den Coach eher hilflos, wenn er diese Beschreibung einfach übernimmt. Ein wichtiger Aspekt für Veränderung wäre,

---

[2] Auch hier müssen bestimmte Bedingungen eingehalten werden, die aber meist erfüllt sind (s. Kriz 1999).

Tab. 6.2 Beliebige Ausgangszahlen (in einem bestimmten Bereich) laufen auf den Attraktor 24 zu

Startwert	10	5	20	30	38
	17	9.75	24	21	11.4
	22.95	16.69688	24	24.15	18.58201
	24.15488	22.79385	24	23.96888	23.61587
	23.96783	24.16849	24	24.00618	24.06945
	24.00639	23.96489	24	23.99876	23.98587
	23.99872	24.00696	24	24.00025	24.00282
	24.00026	23.99861	24	23.99995	23.99944
	23.99995	24.00028	24	24.00001	24.00011
	24.00001	23.99995	24	24	23.99998
	24	24.00001	24	24	24.00001
	24	24	24	24	24
	24	24	24	24	24
	24	24	24	24	24

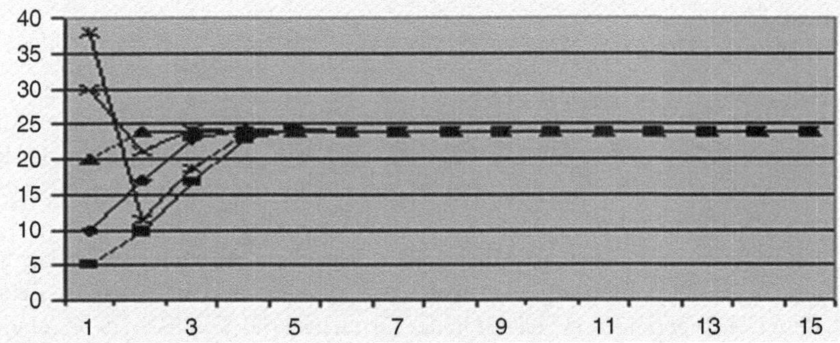

Abb. 6.6 Grafische Darstellung der Dynamik von Tab. 6.2

eine angemessene situative Komplexität in den Beschreibungen des Teams wiederherzustellen. Das heißt, bezogen auf Abb. 6.6, den angedeuteten Reduktions-Prozess von links nach rechts nun rückwärts von rechts nach links zu durchlaufen (etwa, indem man Situationen genau schildern lässt). Dieser Prozess wird als „Verflüssigung" (der o.a. „verkrusteten" Interpretations-Strukturen bezeichnet). Bei dieser „Verflüssigung" wird dann in der Regel auch deutlich, dass die Situationen auch anders gesehen und interpretiert werden können, als immer nur genervt *„die Schikane von C"* festzustellen und weiter festzuschreiben. Der auf

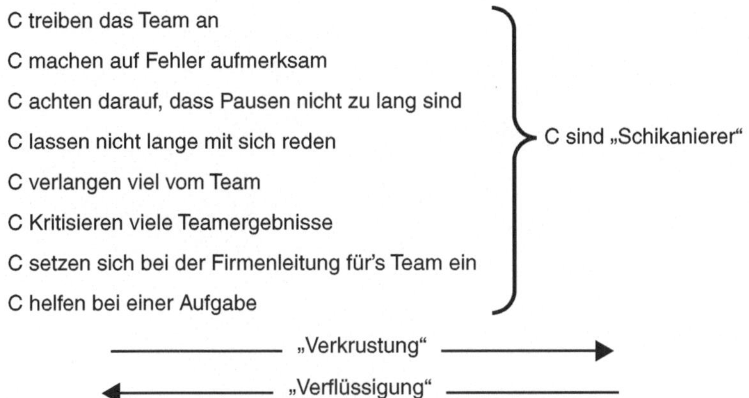

Abb. 6.7 Reduktion vieler unterschiedlicher Situationen auf den Sinn-Attraktor bezüglich des Controlling-Teams C: „C sind Schikanierer"

eine einzige Deutung reduzierte abstrakte Sinn wird nun also mit vielfältigen, situationsspezifischen Möglichkeiten für Sinn bereichert.

Für manche Situationen folgen bei einem so veränderten wahrgenommenen Sinn unmittelbar neue Handlungsoptionen. Jedenfalls gibt es stets viele Möglichkeiten, auf *C in den konkreten Situationen* zu reagieren. Die unteren beiden Situationen („C setzen sich … für's Team ein" und „C helfen …") sind übrigens nicht als Beispiele dafür gemeint, dass diese als prototypisch für „Schikanierer" reduziert werden. Dennoch ist das Umgekehrte häufig der Fall: Wenn sich erst einmal ein Sinn-Attraktor wie „C sind Schikanierer" eingestellt hat, wirkt sich diese Sinn-attrahierende Dynamik auch auf Situationen wie die zuletzt genannten aus. Konkret: Die Praxis zeigt, dass solche Situationen dann eher nicht wahrgenommen, nicht erinnert oder aber umgedeutet werden – jedenfalls nicht „präsent" sind, wenn das Team üblicherweise über „die Schikanierer C" klagt.

Problemstrukturen sind so gesehen mit der verkrustenden Reduktion vielfältiger Situationen (links) auf zu enge, zu starre und zu eingefahrene Beschreibungen (rechts) verbunden. Wesentliche Aufgabe des Coaches ist es daher, den umgekehrten Weg der Verflüssigung solcher starren Abstraktionen zu fördern (z.B. durch systemisches Fragen), indem diese in eine Vielzahl von lebensnäheren Situationsbeschreibungen aufgefächert werden und so den eingeengten Raum an Interpretations- und Handlungsoptionen wieder erweitern.

Systemisches Coaching: Ordnungs-Ordnungs-Übergänge unterstützen 7

Für ein systemtheoretisch fundiertes Coaching ist somit das hier referierte und diskutierte Verständnis zentral, dass Probleme der Coachees auf individueller wie auch interaktiver Ebene mit einem zu reduzierten, zu festgefahrenen und zu wenig adaptiven Verständnis der komplexen Gegebenheiten und Handlungsoptionen zu tun haben. Als „Sinn-Attraktoren" verengen und stabilisieren diese nicht nur den Möglichkeitsraum für Neues, sondern ziehen die Vieldeutigkeit (Polysemantik), die jeder Situation, jeder Handlung, jeder Äußerung, jedem Satz prinzipiell innewohnt, immer wieder in die Dynamik der alten, leidvoll-problematischen Interpretationsstruktur hinein. An den Handlungen anderer wird so nicht mehr das Neue, sondern nur noch das Bekannte gesehen; für die eigenen Lösungsmöglichkeiten drängen sich immer wieder die alten, nicht mehr tauglichen Wege auf.

Es soll keineswegs bestritten werden, dass es objektiv, in der „Außenwelt" des Systems, schlechtere und bessere Bedingungen gibt (im Boot-Beispiel: keine Wellen, kein Schaukeln, eine kompetente Segelausbildung in der Vergangenheit etc.). Dies entzieht sich aber meist der Einflussnahme durch den Coachee – und macht auch selten den Kern des Problems aus. Vielmehr sind es die Beschreibungen und wahrgenommenen bzw. verstellten Ressourcen und Handlungsoptionen, mit den gegebenen Bedingungen – ggf. „trotz" widriger Umstände – zufriedenstellend fertig zu werden. Es geht somit um die „Eigen-Trivialisierung" im Sinne v. Foersters (s. Kap. 5) bzw. die Selbstorganisation von überstabilen und zu rigiden kognitiv-narrativen und/oder interaktionellen Ordnungen (Kap. 6), die problematisch verkrustet sind (Abb. 6.7).

© Springer Fachmedien Wiesbaden 2016
J. Kriz, *Systemtheorie für Coaches,* essentials,
DOI 10.1007/978-3-658-13281-1_7

„Selbstorganisation", so wurde betont, bedeutet keineswegs, dass die Bedingungen der Systemumwelt irrelevant wären. Im Gegenteil: Selbstorganisierte Muster adaptieren sich immer an die Gesamtbedingungen – also auch die Bedingungen der Systemumwelt. Ändern sich diese, so versucht sich das System zunächst weiterhin zu stabilisieren, bis es dann – bei noch größerer Änderung – in einem Ordnungs-Ordnungs-Übergang zu einer neuen Adaptation findet.

Dieser zentrale Aspekt lässt sich anschaulich verstehen, wenn man sich eine Kleinfamilie vorstellt, die aus Vater, Mutter und dem dreijährigen Fritz besteht und in der alle glücklich und zufrieden sind – selbst systemische Beobachter bestätigen, dass die Verhaltens- und Interaktionsmuster beispiellos gut sind. Doch wenn diese Super-Strukturen nun 20 Jahre stabil bleiben würden, hätten wir eine höchst problematische Familie: Denn Fritz, nun 23-jährig, würde ja immer noch wie ein Dreijähriger behandelt und sich so behandeln lassen. Dies macht sofort deutlich: Noch so gute Strukturen müssen immer wieder verändert werden – einfach weil sich die Bedingungen und Anforderungen ändern.

Diese Veränderungen der Bedingungen und damit verbundener Anforderungen gelten für alle Systeme – Einzelne, Paare, Familien, Teams, Organisationen. Neue Mitarbeiter, Vorgesetzte, Untergebene kommen, Arbeitsabläufe und Qualifikationsstrukturen werden geändert, am Markt gibt es neue Konkurrenzprodukte oder veränderte Kapitalbedingungen, der Lebenspartner stellt neue Forderungen an die Präsenz zuhause usw.: Ständig sind Strukturen unserer Lebenswelt im Wandel. Und das „System" muss sich mit Strukturveränderungen an diese neuen Gegebenheiten adaptieren. Wir haben dies bereits oben als „Entwicklungsaufgaben" für das „System" bezeichnet und darauf hingewiesen, dass solche Ordnungs-Ordnungs-Übergänge im Alltag ständig und hinreichend zufriedenstellend stattfinden. Coaching setzt somit in der Regel erst dort ein, wo eine solche Adaptation einmal *nicht* klappt, und sich daher (über)stabile „Lösungen" von Herausforderungen, die sich längst geändert haben, als Problem erweisen.

Auf den ersten Blick scheint es einen Widerspruch zwischen dem Aspekt der Systemtheorie zu geben, dass Systeme sich einerseits an die Gesamtbedingungen – vor allem also auch an die äußeren – adaptieren und andererseits doch z. B. überstabile, ja problematische und leidvolle Sinn-Attraktoren zeigen können. Nun zeigt aber bereits die interdisziplinäre Systemtheorie (Synergetik), dass auch Überstabilität typisch ist, solange die Änderungen nicht allzu groß sind (Kriz 1999). Diese sind auch für die Alltagspraxis sehr nützlich, weil sonst ein System auf sehr viele Kleinigkeiten mit Strukturveränderung reagieren müsste, wo doch neben Anpassungsfähigkeit auch Stabilität, Ruhe, und Sicherheit für Menschen und Organisationen wichtige Aspekte sind. Neben den positiven Aspekten von (Über)Stabilität gilt es auch, die Bedeutung der „Gesamtbedingungen" angemessen zu verstehen: Diese müssen nämlich keineswegs mit den von *Beobachtern wahrgenommenen* Bedingungen (inkl. der Selbst-Beobachtungen) übereinstimmen – die einen oft wundern lassen, wieso das System immer noch und immer wieder an den erfolglosen Lösungen hängt, obwohl die „Bedingungen" doch längst anders geworden sind. Es kann aber viele Gründe dafür geben, dass die *Wahrnehmung* und die *Beschreibungen* der Bedingungen durch das System von denen der Beobachter abweichen (selbst im obigen, extremen Fall könnten die Eltern den 23-jährigen Fritz als „behindert" wahrnehmen und ihn deswegen weiter wie einen Dreijährigen behandeln). „Gesamtbedingungen" meint somit weder die rein objektiven Umgebungsbedingungen aus Sicht von externen Beobachtern (oder gar der Physik), sondern enthält insbesondere auch die eigenen Narrationen und Verstehensweisen des Systems über diese „objektiven" Bedingungen und seiner eigenen Handlungsmöglichkeiten. Daher ist das Konzept der „Sinn-Attraktoren" so essenziell.

Daraus ergibt sich, dass der Kern systemischen Coachings darin besteht, die trivialisierten, reduzierten, rigiden und festgefahrenen Sinnstrukturen zu destabilisieren. Das heißt – im Sinne von Abb. 6.7 –, die Verkrustungen wieder zu verflüssigen. In der Tat kann man die vielfältigen Vorgehensweisen systemischer Praxis dahingehend reinterpretieren, dass die zu eingeengten, überstabilen Verstehensweisen mit Deutungskomplexität angereichert werden – durch systemisches Fragen, ungewöhnliche Perspektiven, lösungsorientiertes Arbeiten usw. In den gemeinsamen narrativen Diskursen werden dabei die Beschreibungen daraufhin geprüft, ob sie Sichtweisen ggf. festschreiben und reduzieren, um sie dann zu hinterfragen. Gefördert werden hingegen solche Beschreibungen, welche neue Sichtweisen und Handlungsoptionen zulassen. Da Sprache mit ihren Begriffen, ihrer grammatischen Struktur und den transportierten Metaphern und Prinzipien zusätzlich zur Stabilität von Sinndeutungen beiträgt, ist es gut, nach Möglichkeit auch nichtsprachliche Darstellungsweisen – wie beispielsweise kunstorientierte Arbeit, Gesten und Skulpturen, Beziehungsaufstellungen – mit einzusetzen. Aufgabe des Coaches ist es also nicht, „einfach zu verstören" (dazu würde ein Urinieren auf den Boden vor den Coachees reichen), sondern solche Umgebungsbedingungen zu konstellieren, welche die zu rigiden Sinn-Attraktoren mit Deutungskomplexität anreichern und so Ordnungs-Ordnungs-Übergänge ermöglichen (s. Kap. 3.3). In der systemischen Literatur wird dies als „Respekt gegenüber den Personen, aber Respektlosigkeit gegenüber den verkrusteten Beschreibungen" treffend gekennzeichnet.

Literatur

Andersen T (1990) Das reflektierende Team. verlag modernes lernen, Dortmund

Anderson H, Goolishian HA (1988) Human systems as linguistic systems. Fam Process 27:371–393

Antons K, Stützle-Hebel M (Hrsg) (2015) Feldkräfte im Hier und Jetzt. Auer, Heidelberg

Bartlett FC (1932) Remembering. Cambridge University Press, Cambridge

Bertalanffy LV (1968) General system theory. Foundations, development, applications. G. Brazilla, New York

de Jong P, Berg IK (1998) Lösungen (er)finden. Das Werkstattbuch der lösungsorientierten Kurztherapie. modernes lernen, Dortmund

de Shazer S (1989) Wege der erfolgreichen Kurztherapie. Klett, Stuttgart

Emery FE (Hrsg) (1981) Systems thinking: selected readings. Penguin, Harmondsworth, 1981 (2-bändige Erweiterung der einbändigen Erstausgabe 1969)

Epstein EK (1995) The narrative turn. Postmodern theory and systemic therapy. Gestalt Psychol 17:171–183

Esser H (2000) Soziologie. Spezielle Grundlagen. Bd. 5: Institutionen. Campus, Frankfurt

Forrester JW (1961) Urban dynamics. MIT-Press, Cambridge

Gergen K (1999) An Invitation to social construction. Sage, London. (dt.: Konstruierte Wirklichkeiten. Eine Hinführung zum sozialen Konstruktionismus. Kohlhammer, 2002)

Greif S (2014) Coaching und Wissenschaft – Geschichte einer schwierigen Beziehung. OSC (Organisationsberatung, Supervision, Coaching). 21(3):295–311

Greif S (2008) Coaching und ergebnisorientierte Selbstreflexion. Hogrefe, Göttingen

Greif S, Möller H, Scholl W (2016) Coachingdefinitionen und -konzepte. In: Möller H, Scholl W, Greif S (Hrsg) Handbuch Schlüsselkonzepte im Coaching. Springer, Heidelberg

Haken H, Schiepek G (2010) Synergetik in der Psychologie: Selbstorganisation verstehen und gestalten. Hogrefe, Göttingen

Hargens J, Schlippe A v (1998) Das Spiel der Ideen. Reflektierendes Team und systemische Praxis. Borgmann, Dortmund

© Springer Fachmedien Wiesbaden 2016
J. Kriz, *Systemtheorie für Coaches,* essentials,
DOI 10.1007/978-3-658-13281-1

Hofert S (2014) Alles systemisch oder was? Über ein Wortungeheuer und seine relative Bedeutungslosigkeit. http://karriereblog.svenja-hofert.de/2014/01/. Zugegriffen am 12.01.2016

Käsler D (1984) „Flug über den Wolken". über Niklas Luhmanns „Soziale Systeme". Der Spiegel, 10.12.1984, S 184–190

Kim DH (1994) Systems thinking tools. Pegasus Communications, Boston

König E, Volmer G (2005) Systemisch denken und handeln. Beltz, Weinheim

Königswieser R, Hillebrand M (2005) Einführung in die systemische Organisationsberatung. Auer, Heidelberg

Kriz J (1990) Synergetics in clinical psychology. In: Haken H, Stadler M (Hrsg) Synergetics of cognition. Springer, Berlin/Heidelberg, S 293–304

Kriz J (1992) Chaos und Struktur. Systemtheorie, Bd 1. Quintessenz, München/Berlin

Kriz J (1999) Systemtheorie für Psychotherapeuten, Psychologen und Mediziner, 3. Aufl. Facultas/UTB, Wien

Kriz J (2003) Selbstorganisationsprozesse in Organisationen: Von SENGEs „Kochrezepten" zu den Grundlagen des Kochens – oder: auf dem Weg zu einer systemtheoretischen Fundierung des Coaching. In: Hamborg KC, Holling H (Hrsg) Organsiationsentwicklung. Hogrefe, Göttingen, S 186–210

Kriz J (2004) Personzentrierte Systemtheorie. Grundfragen und Kernaspekte. In: Schlippe, Av, Kriz WC (Hrsg) Personzentrierung und Systemtheorie. Perspektiven für psychotherapeutisches Handeln. Vandenhoeck & Ruprecht, Göttingen, S 13–67

Kriz J (2006) Die Selbstorganisation von Bedeutungsfeldern. In: Meynhardt T, Brunner EJ (Hrsg) Selbstorganisation managen. Beiträge zur Synergetik der Organisation. Waxmann, Münster/New York, S 31–46

Kriz J (2008) Gestalttheorie und Systemtheorie. In: Metz-Goeckel H (Hrsg) Gestalttheorie aktuell, Bd 1, Handbuch zur Gestalttheorie. Krammer, Wien, S 39–70

Kriz J (2010) Personzentrierte Systemtheorie. Person 14(2):99–112

Kriz J (2011a) Beobachtung von Ordnungsbildungen in der Psychologie: Sinnattraktoren in der Seriellen Reproduktion. In: Moser S (Hrsg) Konstruktivistisch Forschen, 2. Aufl. VS Verlag für Sozialwissenschaften, Wiesbaden, S 43–66

Kriz J (2011b) Synlogisation: Über das Glück, verstanden zu werden und andere zu verstehen. Wolfgang Loth zum 60. Geburtstag gewidmet. Systhema 25(2):118–131

Kriz J (2013) Die Personzentrierte Systemtheorie in der Beratung. In: Gahleitner S et al (Hrsg) Personzentriert beraten: alles Rogers? Theoretische und praktische Weiterentwicklungen. Beltz Juventa, Weinheim, S 99–130

Kriz J (2014a) Grundkonzepte der Psychotherapie. Eine Einführung, 7. Aufl. Beltz/PVU, Weinheim

Kriz J (2014b) Einladung zu einer Begegnung. Morenos Werk aus der Sicht der Personzentrierten Systemtheorie. Zeitschrift für Psychodrama Soziometrie 13(1 Supplement):121–135

Kriz J (2014c) Systemtheorie und systemisch-humanistische Psychotherapie – eine Herausforderung für unsere Gesellschaft ? In: Meyerhof E, Bernges T, Block M, Niehoff M, Schultz C (Hrsg) Menschenbilder in der Psychologie. Argument-Verlag, Hamburg, S 80–103

Kriz J (2015a) Kurt Lewin – ein früher Systemiker. In: Antons K, Stützle-Hebel M (Hrsg) Feldkräfte im Hier und Jetzt. Auer, Heidelberg, S 285–316

Kriz J (2015b) Personzentrierte Systemtheorie. In: Galliker M, Wolfradt U (Hrsg) Kompendium psychologischer Theorien. Suhrkamp, Frankfurt, S 342–345

Kriz J, Tschacher W (2013) Systemtheorie als Strukturwissenschaft: Vermittlerin zwischen Praxis und Forschung. Familiendynamik 38(2):12–21

Kühl S (2015) Die blinden Flecken der Theorie U von Otto Scharmer. Systeme 29(2):190–202

Lau V (2013) Obskure Managementesoterik. Personalmagazin, 9/2013

Lewin K (1947) Frontiers in group dynamics: I. Concept, method, and reality in social science; social equilibria and social change. Hum Relat 1:5–41

Luhmann N (1984) Soziale Systeme. Grundriss einer allgemeinen Theorie. Suhrkamp, Frankfurt

Luhmann N (1988) Selbstreferentielle Systeme. In: Simon FB (Hrsg) Lebende Systeme. Springer, Heidelberg, S 47–53

Maturana H (1990) Gespräch mit Humberto Mautrana. In Riegas V, Vetter Ch (Hrsg) Biologie der Kognition. Suhrkamp, Frankfurt/M., S 11–90

Maturana HR, Varela FJ (1987) Der Baum der Erkenntnis. Scherz, Bern

Meadows DH, Meadows DL, Randers J, Behrens WW (1972) Die Grenzen des Wachstums. DVA, Stuttgart

Miller JG (1978) Living systems. McGraw-Hill, New York

Pelz W (2015) Systemisches Coaching – eine kritische Analyse (wissenschaftliches Gutachten) unter: www.management-innovation.com/download/Systemisches-Coaching.pdf. Zugegriffen am 15.11.2015)

Prigogine I (1979) Vom Sein zum Werden. Piper, München

Rauen C (2015) Systemtheorie. Unter http://www.coaching-report.de/lexikon/systemtheorie.html. Zugegriffen am 15.11.2015

Riegas V, Vetter Ch (Hrsg) (1990) Biologie der Kognition. Suhrkamp, Frankfurt/M

Satir V (1975) Selbstwert und Kommunikation. Pfeiffer, München

Scharmer O (2008) Theorie U. Von der Zukunft her führen. Auer, Heidelberg

Schiepek G (1999) Die Grundlagen der Systemischen Therapie. Theorie – Praxis – Forschung. Vandenhoeck & Ruprecht, Göttingen

Schlippe A v, Kriz J (1996) Das „Auftragskarussell". Eine Möglichkeit der Selbstsupervision in systemischer Therapie und Beratung. Syst Fam 9(3):106–110

Schlippe AV, Schweitzer J (2013) Lehrbuch der systemischen Therapie und Beratung I, 2. Aufl. Vandenhoeck & Ruprecht, Göttingen

Schlippe A v, Schweitzer J (2014) Lehrbuch der systemischen Therapie und Beratung II, 5. Aufl. Vandenhoeck & Ruprecht, Göttingen

Schulz von Thun F (2014) Miteinander reden. 4 Bd. rororo, Reinbek

Schwertl W (2015) Was sollte ein Business-Coach können und was heißt systemisch? www.coaching-newsletter.de/archiv/2015/coaching-newsletter-novemberdezember-2015.html. Zugegriffen am 15.1.2016

Selvini Palazzoli M, Boscolo L, Cecchin G, Prata G (1977) Paradoxon und Gegenparadoxon. Klett, Stuttgart

Senge PM (1990) The fifth discipline. The art & practice of the learning organization. Currency Doubleday, New York

Stadler M, Kruse P (1990) The self-organisation perspective in cognition research. In: Haken H, Stadler M (Hrsg) Synergetics of cognition. Springer, Berlin, S 32–52

Stierlin H (1982) Dynamische Familientherapie. In: Bastine R et al (Hrsg) Grundbegriffe der Psychotherapie. edition psychologie, Weinheim, S 98–103

Tschacher W, Schiepek G, Brunner EJ (1992) Selforganization and clinical psychology. Springer, Berlin

von Foerster H (1988) Abbau und Aufbau. In: Simon F (Hrsg) Lebende Systeme. Springer, Berlin, S 19–33

Watzlawick P, Beavin JH, Jackson DD (1969) Menschliche Kommunikation. Huber, Bern

White M (1997) Narratives of therapists' lives. Dulwich Centre Publications, Adelaide

Wiener N (1968) Kybernetik. rororo, Reinbek